家訓で読む戦国
組織論から人生哲学まで

小和田哲男 Owada Tetsuo

NHK出版新書
515

家訓で読む戦国——組織論から人生哲学まで　目次

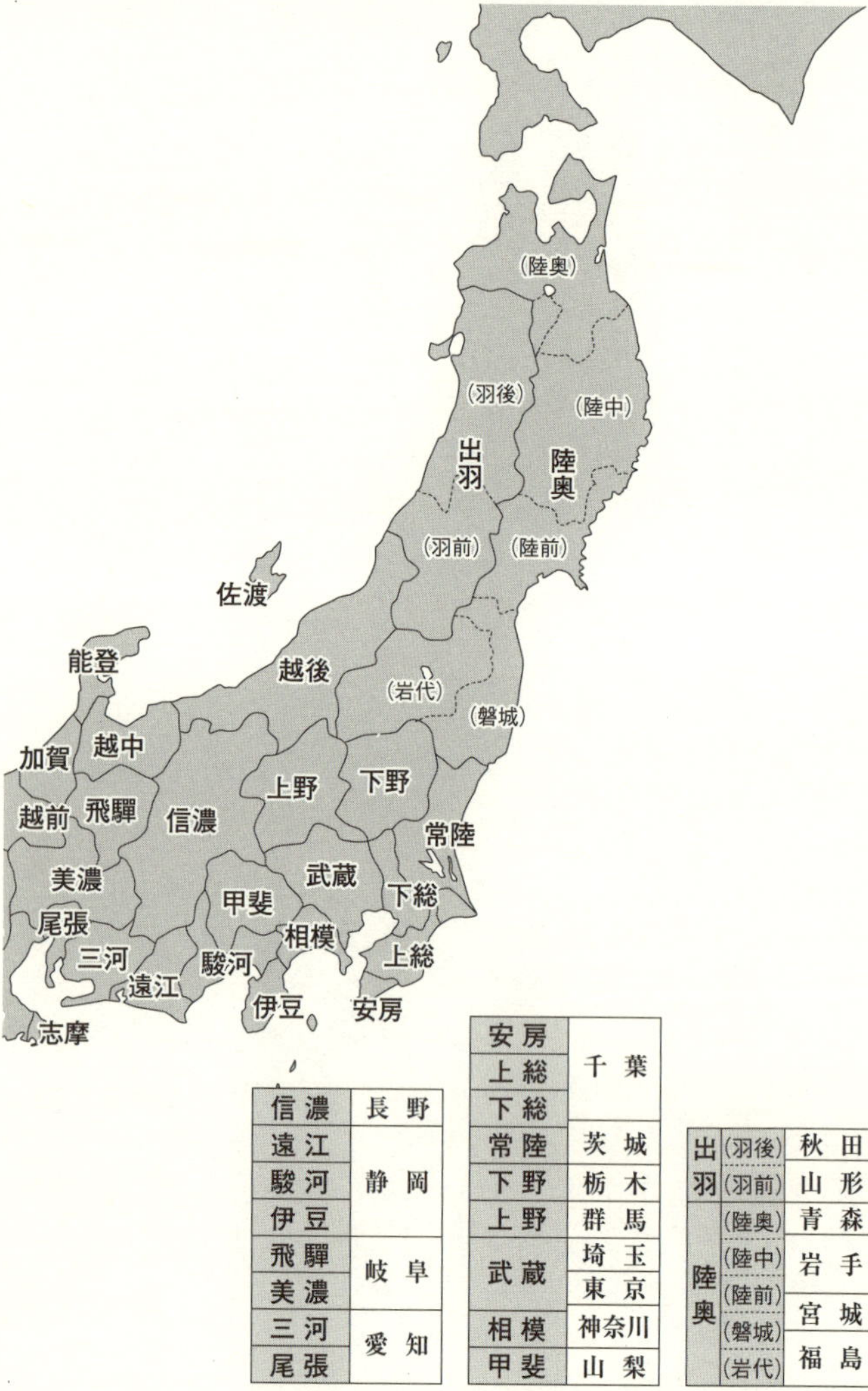

信濃	長野
遠江	静岡
駿河	
伊豆	
飛騨	岐阜
美濃	
三河	愛知
尾張	

安房	千葉
上総	
下総	
常陸	茨城
下野	栃木
上野	群馬
武蔵	埼玉
	東京
相模	神奈川
甲斐	山梨

出羽	(羽後)	秋田
	(羽前)	山形
陸奥	(陸奥)	青森
	(陸中)	岩手
	(陸前)	宮城
	(磐城)	福島
	(岩代)	

本書関係地図（16世紀ごろ）

伯耆	鳥取
因幡	
石見	島根
出雲	
隠岐	
周防	山口
長門	
筑前	福岡
筑後	
豊前	
豊後	大分
日向	宮崎
大隅	鹿児島
薩摩	
肥後	熊本
肥前	佐賀
壱岐	長崎
対馬	

大和	奈良
伊賀	三重
伊勢	
志摩	
紀伊	和歌山
伊予	愛媛
土佐	高知
阿波	徳島
讃岐	香川
備前	
美作	岡山
備中	
備後	広島
安芸	

越後	新潟
佐渡	
越中	富山
越前	福井
若狭	
加賀	石川
能登	
近江	滋賀
山城	京都
丹後	
丹波	
但馬	兵庫
播磨	
淡路	
摂津	
和泉	大阪
河内	

序章　戦国家法・家訓・遺言状の世界

戦国大名たる所以

鎌倉時代、執権の北条泰時《ほうじょうやすとき》が評定衆《ひょうじょうしゅう》に命じて編纂《へんさん》させた「御成敗式目《ごせいばいしきもく》」は、編纂された年をとって「貞永式目《じょうえいしきもく》」ともよばれているが、わが国最初の武家法で、以後、武家法の範とされたことはよく知られている。

この影響を受けて、鎌倉中期には「宇都宮家式条《うつのみやけしきじょう》」が、正和《しょうわ》二年（一三一三）には「宗像氏事書《むなかたしことがき》」が制定されており、その延長線上に戦国大名の制定した戦国家法も位置づけられる。

現在、条文すべてが確認されている戦国家法は表に掲げた九種類であるが、これらのうち、「相良氏法度《さがらしはっと》」「今川仮名目録《いまがわかなもくろく》」「塵芥集《じんかいしゅう》」「結城《ゆうき》氏新法度」は「御成敗式目」と同じく仮名まじり文である。

分国法一覧

分国法	制定者	制定年代
相良氏法度	相良為続 相良長毎 相良晴広	明応2年(1493) ?(明応9年[1500]〜永正15年[1518]) 弘治元年(1555)
大内氏掟書	大内氏	明応4年(1495)〜
今川仮名目録 仮名目録追加	今川氏親 今川義元	大永6年(1526)〜 天文22年(1553)
塵芥集	伊達稙宗	天文5年(1536)
甲州法度之次第	武田信玄	天文16年(1547)
結城氏新法度	結城政勝	弘治2年(1556)
六角氏式目	六角義賢・義治	永禄10年(1567)
新加制式	三好氏	?(永禄5年[1562]以降)
長宗我部氏掟書	長宗我部元親・盛親	慶長元年(1596)

戦国大名が自分の力が及ぶ範囲を領国《りょうごく》といい、それは分国《ぶんこく》とも表現されているので、戦国大名が制定した戦国家法は分国法ともよばれている。周知のように、室町時代、室町幕府が制定した「建武《けんむ》式目」および「建武以来追加」といった形の室町幕府法があるので、戦国大名が自分の分国にだけ通用する分国法を制定したということは、幕府と大名が、一つの範囲で競合しはじめたことを意味したといってよい。

たとえば、天文《てんぶん》二十二年(一五五三)に今川義元《よしもと》が制定した「仮名目録追加」第二十条では、「只今《ただいま》はをしなべて、自分の力量を以《もっ》て、国の法度を中付《もうしつけ》、静謐《せいひつ》する事なれば、守護の手入間敷事《いりまじきこと》、かつてあるべからず」(『中世政治社会思想　上』)としている。

つまり、天下一同の室町幕府法のほかに、「自分の力量を以て」という形で、自分の領国にだけ通用する法を制定したことを宣言したに等しい。戦国大名今川氏は、明らかに幕府あっての守護や守護大名とはちがう立場を鮮明にしているのである。このようなことから、戦国家法の有無は、守護大名段階と戦国大名段階とを分ける目安とされることになる。

そもそも戦国家法は、大名と家臣の法であり、いわば相互協約とでもいうべき性格を色濃くもつものであった。「相良氏法度」や「六角《ろっかく》氏式目」あたりはそのことを如実《にょじつ》に示しているといってよい。

「六角氏式目」の場合、一つの特徴は、大名六角氏と重臣たちがこの式目を遵守《じゅんしゅ》することを誓《ちか》いあっていることである。家臣のおもだった者だけが相互に誓いあうというのならどうということはないが、六角氏の当主義治《よしはる》、および家督《かとく》はすでに譲ったとはいえ、家中に絶対の影響力をもつ義治の父義賢《よしかた》（承禎《じょうてい》）も、この法を守ることを誓っているのである。しかも、その第三十七条には、「一、御糺明《きゅうめい》を遂げられず、一方向の御判ならびに奉書を成さるべからざる事」（『中世政治社会思想 上』、読み下しにして引用）とあって、領主六角義治による専断支配に歯止めがかけられていることは注目してよい。

家法と家訓のちがい

以上にみたように、家法は領国の法であり、公的な側面を規定した内容となっている。それに対し、同じく戦国武将によって制定されながら、家訓《かくん》とよばれるものがある。家法と家訓はどうちがうのだろうか。

この点について、石母田正《いしもだしょう》氏は、『中世政治社会思想 上』（日本思想大系21）の「解説」で、「家訓と家法は、中世領主層の『家』という一本の幹が繁らせた枝葉であり、両者はきりはなせない関係にある」と指摘し、さらに、「家法が家訓ときりはなせないのは、置文や戦国家法のなかにも道徳的要素があり、家訓のなかにも法規範的要素があるという相互関係にだけ理由があるのではない（中略）。家訓と家法の成立は、家長が従来の伝統的な仕方に依存していては家中を統治することが困難であるような状態が認識されている点で共通している」とまとめている。

家法が「法規範」中心なのに対し、家訓は「道徳的規範」中心、すなわち、家の私的側面を規定した内容になっているものが多い。

家訓として代表的なものは、「朝倉敏景《あさくらとしかげ》十七箇条」の名でも知られる「朝倉孝景《たかかげ》条々」である。朝倉氏関係のたしかな古文書・古記録に敏景の名がみえないので、今日では「朝倉孝景条々」が正式名称とされている。冒頭の第一条、「朝倉の家において宿老《しゅくろう》を定むべからず。その身の器用・忠節に従うべきの事」（『中世政治社会思想 上』、読み下しにして引用）とあるあたりは分国法としてもよい内容であるが、「出仕のとき、あまりきれいな着物を着るな」とか、家臣たちの日常的な生活規範を示した内容が多いため、家訓の範疇《はんちゅう》に含めている。

北条早雲《そううん》（伊勢宗瑞《いせそうずい》）が制定した「早雲寺殿廿一箇条」、それに、武田信玄《たけだしんげん》の弟信繁《のぶしげ》が制定した「古典厩《こてんきゅう》より子息長老江異見九十九箇条之事」も家訓である。豊後《ぶんご》の戦国大名大友義長《おおともよしなが》が制定した「大友義長条々」は、本文十七ヵ条、追加八条からなるが、内容的にみて領国の法ではなく、家訓である。さらに、新しく発見された「新大友義長条々」も家訓である。

家訓は、戦国を生きた武将たちが、自らの体験にもとづいて得た一つの結論を、子孫や家中の者に遺《のこ》そうとしたものであった。

家訓に類したものとして、「武辺咄《ぶへんばなし》」と遺言状、すなわち「置文」がある。「武辺咄」は「武偏話」などと書かれることもあるが、要は、先輩武将が後輩武将に語った経験談である。話なので、文字として残るものは少ないが、「朝倉宗滴《そうてき》話記」は「武辺咄」の代表例といってよい。

遺言状はかなりの数が残っている。現代の遺言状は遺産の配分などについて書かれたものが一般的であるが、戦国武将の遺言状は、「武辺咄」を字にして残したようなものとなっている。その意味では家訓と区別がつきにくいものもある。

本書の構成

本書で私は、これら、戦国家法・家訓・「武辺咄」や遺言状から、戦国武将たちが何を考えていたのか、何を伝えたかったのかを探りたいと考えている。時代としては四百年前から五百年前となるが、現代を生きる私たちにも、生き方のヒントになることがらがたくさん詰まっているはずである。

なお、書名は『家訓で読む戦国』であるが、以上みてきたように、本書が扱うのは家訓だけではないことをお断りしておく。家法や遺言状、さらには「武辺咄」など、さまざまな史料を用いて、武将たちが子孫に残したメッセージを掘り起こしている。

全体を五章構成とし、それぞれ武将たちの生き様や考え方を学ぶしかけとなっている。第一章ではトップリーダーとしての心得、第二章では戦国大名家の組織づくり、第三章では生活規範の徹底と品格の形成、第四章では武将たちの合戦哲学、第五章では領国経営の叡智を学ぶことにしたい。

家訓をはじめとする史料を引用する際には、読み下しにする処置などを行った。なかには、それでも意味を取ることがむずかしい場合もあるとは思うが、引用部にあまり手を加えすぎると、その家訓を残した武将たちの個性も薄れてしまうと考え、必要最小限の補足に留めている。

第一章　耳の痛い話こそ聞け

——トップリーダーとしての心得

1　失敗の経験をいかに生かすか

大敗北を喫してこそ名将

「人間、誰もが」といういいすぎかもしれないが、多くの人は、一生、失敗することなく、したがって挫折《ざせつ》の経験もしないで過ごせればいいと考えているのではなかろうか。「それではだめだ」と厳しくいっているのが朝倉宗滴《あさくらそうてき》という武将である。

朝倉宗滴といっても有名な武将ではないので、はじめに、少し解説を加えておきたい。越前《えちぜん》の戦国大名朝倉氏の初代に数えられる朝倉孝景《たかかげ》の末子で、名乗りは教景《のりかげ》といった。宗滴は法名である。五代義景《よしかげ》のときまで生き、軍師的立場で武者奉行をつとめ、弘治《こうじ》元年（一五五五）に亡くなるまで、朝倉氏のほとんどの戦いに出陣している。

その朝倉宗滴が、折りにふれて語った「武辺咄《ぶへんばなし》」を家臣の萩原《はぎわら》八郎右衛門尉宗俊《むねとし》が書き留め、それが「朝倉宗滴話記」という形で伝わっている。その中には、「武者は犬ともいへ、畜生《ちくしょう》ともいへ、勝事《かつこと》が本《ほん》にて候事」といった有名なフレーズも含まれている。ふつう、「武辺咄」は話す方も話しっぱなし、聞く方も聞きっぱなしなので、文字として残ることはほとんどないが、筆まめだった萩原宗俊が主人の話した言葉をそのまま書き留めてくれたので、今日、それを読むことができるのである。

その「朝倉宗滴話記」に注目される一文がある。

一、功者の大将と申《もうす》は、一度大事の後《おくれ》に合たるを申す可《べ》く候。我々は一世の間、勝合戦ばかりにて、終《つい》におくれに合はず候間、年寄候へども、功者にては有《ある》間《ま》敷《じく》候事。

「功者の大将」というのは名将のことである。「大事の後」は大敗北のことをいって

朝倉家略系図

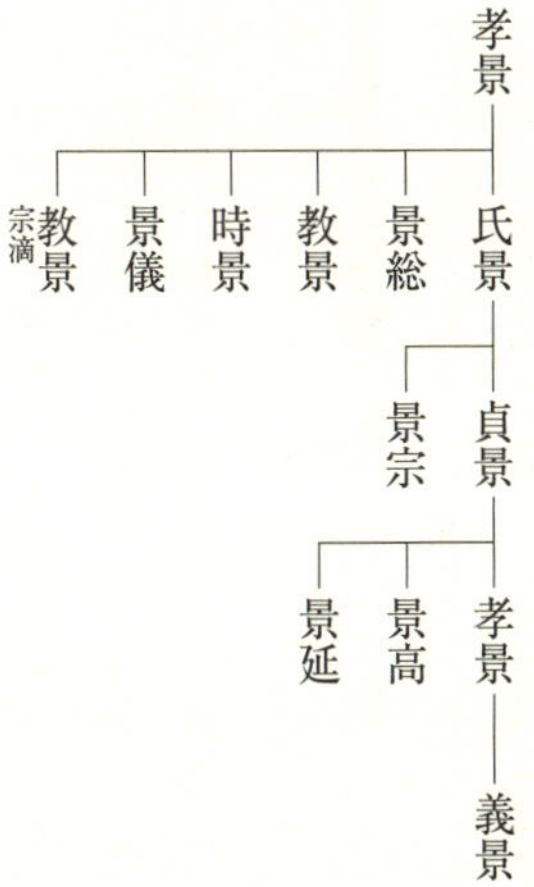

いるので、さしずめ、「名将というのは、一度大敗北を喫した者をいうのだ」ということになろう。宗滴は、十八歳のとき初陣《ういじん》し、七十九歳まで出陣した。十二回ほどの戦いに出ていたことが知られ、どうやら負けた戦いはなかったようである。

家康が犯した大失敗

ふつうに考えると、一度も負けたことがないなら名将ではないかと思うところだが、宗滴は謙虚な性格だったのか、「自分は負けたことがなかったから、とうとう名将にはなれなかった」と述懐しているのである。負けてくやしい思いをし、苦い経験をすることで、人間として、一まわりも二まわりも大きくなるということをいいたかったのであろう。「どうして負けてしまったのか」と反省することで、負けない戦い方を考え、つぎにつなげることができる。宗滴の話を聞いていたわけではなく、また「朝倉宗滴話記」を読んでいたわけでもないが、「一度大事の後」を経験したが故に成長したのが徳川家康《とくがわいえやす》である。

家康というと、「天下取りの三英傑」の一人に数えられ、最後の勝者なので、何となく、「一生、勝ちっ放しできた」と思われているが、実際は何度も負けているのである。その中で最大の負け戦、宗滴がいう「一度大事の後」にあたるのが、元亀《げんき》三年（一五七二）十二月二十二日の三方原《みかたがはら》の戦いである。

この三方原の戦いというのは、武田信玄《たけだしんげん》が二万五千の大軍で、そのころの家康の本拠であった遠江《とおとうみ》の浜松城に攻めかかってきた戦いである。家康は八千の兵で浜松城に籠城《ろうじょう》するつもりだったところ、信玄軍が三方原に向かい、そのまま三河《みかわ》に行きそうなのをみて浜松城を飛びだし、そこで家臣の一割にあたる八百人を失うという大敗北を喫している。

八百人の戦死者の何人かが家康の身代わりになって死んでいったことを知った家康は、「自分は家臣の犠牲で生き残った」との思いを強くもつようになり、「家臣こそわが宝」というい方をするようになる。

家康にとって、この失敗の経験はみごとに生かされたといってよい。

2　埋もれた才能を掘りおこす

上役に従わぬ者は……

家康が三方原の大敗北後、「家臣こそわが宝」といった言葉を口癖のようにいっている場面はいくつかの文献にみえるが、ここでは、「宝の中の宝といふは、人材にしくはなし」という言葉を発したシーンを紹介しておこう。

家康がすでに将軍職を子秀忠《ひでただ》に譲り、駿府《すんぷ》城に移って、大御所となっていたときのことである。江戸で一つのポストに空きが出て、その後任を誰にするかで、将軍秀忠と、のちの老中《ろうじゅう》にあたる土井利勝《どいとしかつ》ら側近とが相談していたが、なかなかいい人物の名が浮かばない。そこで利勝が、「ここは、一つ、駿府の大御所様の意見を聞いてきましょう」といって、駿府城の大御所家康を訪ねている。

その場面が、江戸時代中期の兵学者大道寺友山《だいどうじゆうざん》の著した『岩淵夜話《いわぶちやわ》』に描かれ、そこに、「宝の中の宝といふは人材にしくはなし」という言葉がみえる。

そのとき、駿府城で家康から一人の名を示され、「その人物性行はいかに」と尋ねられた土井利勝が、「その者は私のところにふだん出入りしていませんので、その人物の善悪はわかりかねます」と正直に答えてしまった。すると、家康は怒りだし、「すべての旗本のことを知らないでどうするのか」と一喝したうえで、つぎのように述べている。

よく〳〵かうがへて見よ。惣じて武辺の心懸ふかく志操あるものは、上役に追従せぬものぞ。されば、重役の許に出入せざる者のうちに、かへりて真の人物はあるなれ。そが中にて人材を撰ぶこそ忠節の第一なれ。いま雑庫のうちに名高き刀剣埋れてありときかば、たれもほり出し、われにしめしよろこばせんと思ふべし。刀剣は何ばかりの名作といへども治国の用にたゝず。我常にいふ所の宝の中の宝といふは、人材にしくはなしという語を空耳にきくゆへ、かゝる卒爾《そつじ》の対をもすれ。汝等が方へ朝夕立入りして相知れるものばかり出身するならば、諸人の心立次第にあしく、みな阿諛《あゆ》諂佞《てんねい》の風になりはてん。

いわんとしていることはきわめて単純明快である。「惣じて武辺の心懸ふかく志操あるものは、上役に追従せぬものぞ」は、家康の人材観を端的にあらわしているといえる。これは家康の名言の一つに数えていいと思われる。

「己が心を捨て、たゞ人の長所をとれ」

同じ家康の人材観を示す言葉は、徳川幕府が編纂《へんさん》した幕府の正史である『徳川実紀《じっき》』の「東照宮《とうしょうぐう》御実紀」附録十八にもみえる。

或ときの仰に、家人を遣ふに、人の心をつかふと、能をつかふと二の心得あり。資情篤実にして主を大切におもひ、同僚と交りてもいさゝか我意なく、すべてまめになだらかにて、そがうへにも智能あらば是は第一等の良臣なり。殊更に恩眷《おんけん》を加へ、下位にあらば不次に抽んで挙て、国政をも沙汰せしめんに、いさゝか危き事あるべからず。又、心術はさまでたしかならぬ者も、何事ぞ一かどすぐれて用立べき所あるものは、これも又捨ずして登用すべきなり。この二品を見わけて、棄才なからしめん事肝要なりと仰られき。又、人の善悪を察するに、やゝもすれば己が好みにひかれ、わがよしと思ふ方をよしと見るものなり。人には其長所のあれば、己が心を捨て、たゞ人の長所をとれと仰られし事もあり。

ここに引用した最後の部分、「人には其長所のあれば、己が心を捨て、たゞ人の長所をとれ」というのも家康の名言である。部下の誰がどのような部署に適しているかをみきわめるのは、上に立つ者のつとめといってよい。今日的表現をすれば、適材適所の人事配置ということになるが、自身の遺言状でそのことにふれている武将もいた。

北条早雲《ほうじょうそううん》（伊勢宗瑞《いせそうずい》）の子で、戦国大名後北条《ごほうじょう》氏二代目となった北条氏綱《うじつな》が、亡くなる少し前、三代目となる子氏康《うじやす》に与えた長文の遺言状が「北条氏綱公御書置」（「宇留島常造氏所蔵文書」、『戦国遺文』後北条氏編　第一巻、読み下しにして引用）として残っている。氏綱は天文十年（一五四一）七月十九日に没するが、この書置の日付はその年の五月二十一日となっているので、亡くなる二ヵ月前の遺言状である。

全文五条からなるかなり長文の遺言状であるが、その第二条で、人間には一人として役たたずはいないとした上で、つぎのように記している。

その者の役に立つところを召しつかい、役にたたざるところをつかわず候て、何《いず》れをも用に立て候を、よき大将と申すなり。この者は一向の役にたたざるうつけ者よと見限り果て候ことは、大将の心には浅ましくせまき心なり。一国共持つ大将の下々は、善人悪人いかほどかあらん。うつけ者とても、罪科これなき内には刑罰を加え難し。侍中に我身は大将の御見限り成され候と存候得者、勇みの心なく、まことのうつけ者となりて役に立たず。大将はいかなる者をも不憫《ふびん》に思し召し候と諸人にあまねく知らせたきこと也。皆々役に立てんも立つまじきも、大将の心にあり。

氏綱はしきりに「大将の心」という言葉を使っているが、まさにこれは帝王学の伝授である。

現代に置き換えれば、上司が部下の働きぶりをみて、その部下にあった部署というものを考える必要性を説いていることになる。ただ、実際は誰がどの職種に向いているかはなかなかわからないことの方が多いのではなかろうか。むしろ、そうしたことは、本人より、上に立つ者の方が気がつく場合もある。

信長の人材登用術

その点で私が注目しているのは、部下の埋もれた才能をどう掘りおこすかである。

周知のように、織田信長《おだのぶなが》の人事は、譜代門閥《ふだいもんばつ》主義から能力本位の人材抜擢《ばってき》へ大きく転換しており、その最たるケースが木下藤吉郎《きのしたとうきちろう》、すなわち羽柴秀吉《はしばひでよし》の抜擢ではないかと考えている。

たとえば、秀吉と前田利家《まえだとしいえ》は、信長に仕えるようになった時期はほぼ一緒である。もちろん、家柄は利家の方が上で、しかも利家は「槍《やり》の又左《またざ》」の異名をとっていることから明らかなように、槍働きが得意だった。武功だけをくらべれば、利家の方が早く出世して当然である。

ところが、実際には秀吉の方が先に出世しているのである。それはなぜか。信長が秀吉の埋もれた才能に目をつけ、その才能を上手に使ったからであった。

その埋もれた才能というのが話術である。秀吉は話し上手で、信長がそのことに気がつき、秀吉に密命を与えた。「お前は、戦いに出なくていいから、美濃《みの》の斎藤《さいとう》の家臣に寝返り工作をしてこい」という秘密指令を出し、秀吉がそれを成功させていたのである。

具体的には、永禄《えいろく》十年（一五六七）八月十五日、織田軍が木曽川《きそがわ》を越えて美濃に攻めこんだとき、秀吉に内応を約束していた斎藤方の家臣が一斉に寝返ったため、難攻不落といわれた稲葉山《いなばやま》城をたった一日で落とすことに成功している。信長としては、前田利家らの槍働きより、秀吉の働きの方が上であると判断したわけである。

部下のどういうところを使えば成果をあげることができるかをみていく上で、先に引用した「北条氏綱公御書置」は参考になるのではなかろうか。

3　主従の絆を強めるために

指揮を部下に任せた武将

遺言状がそのまま家訓《かくん》としての性格をもっていたことを「北条氏綱公御書置」でみたが、つぎに取りあげる扇谷上杉定正《おうぎがやつうえすぎさだまさ》の遺言状（「越後定正院所蔵文書」、桑田忠親著『日本人の遺言状』）もそれに近い。

この定正遺言状は家臣の曽我豊後守祐重《そがぶんごのかみすけしげ》宛となっているので、一見したところ子どもに対するものだとはわからない。ただ、書き出しのところに、「此書中皆々披見をし、第一、五郎に能々《よく》見分として意見に及ぶべし」とあり、定正が養子五郎（朝良《ともよし》）に与えたものだったことがわかる。

上杉氏は、丹波国《たんばのくに》上杉荘（現在、京都府綾部市）を名字の地とする武士で、上杉頼重《よりしげ》の娘清子《きよこ》が足利貞氏《あしかがさだうじ》の室となり、尊氏《たかうじ》・直義《ただよし》兄弟を産んだことから、足利氏と強い絆で結ばれた。尊氏が子の基氏《もとうじ》を鎌倉府の主として鎌倉公方《くぼう》に任じたとき、頼重の孫にあたる憲顕《のりあき》が鎌倉に下向して、以後、関東に根をおろすことになった。

その後、上杉氏は四家に分かれ、それぞれ、鎌倉の屋敷所在地の地名をとって、扇谷上杉・山内《やまのうち》上杉・犬懸《いぬがけ》上杉・詫間《たくま》上杉氏といい、特に扇谷上杉と山内上杉の勢力が強く、「両上杉」とよばれていた。

扇谷上杉定正は、家宰《かさい》の太田道灌《おおたどうかん》の働きもあって、他の上杉三家を凌駕《りょうが》する勢いだった。ところが山内上杉顕定《あきさだ》の策謀に乗せられ、定正が道灌を殺してしまったことから衰退がはじまり、文明《ぶんめい》年間（一四六九～八七）には、両者ははげしく戦っている。

定正が遺言状を認《したた》めたのは、ちょうどそのような時期の延徳《えんとく》二年（一四九〇）三月二日である。全文三十三ヵ条からなる長文の遺言状となっているが、そのうちのかなりの部分は、自分の戦歴をふりかえった内容となっている。家訓としての意味あいが濃厚なのは第十五条である。その部分を読み下しにして引用しておこう。

一、先段書載せ候如く、廿ヶ年之間城攻軍、当旗本三十余度大利を成すと雖《いえど》も、定正一度も太刀を抜かず、

上杉家略系図

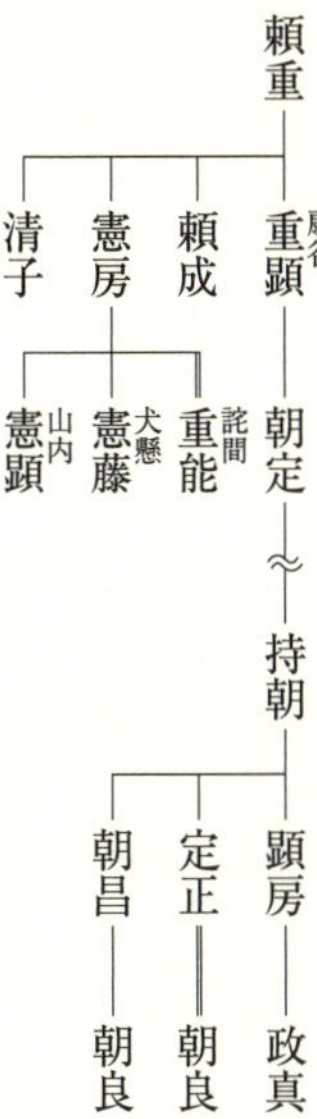

大弩《だいど》発するに非《あら》ず。只功者共ニ相尋ぬる事を恥じず。其上を以て分別して勝利を成す。以後意見に及ばば、貴賤《きせん》を撰《えら》ばず、時々刻々褒美候。此故に後日にも嗜《たしな》み謂《い》う者、老若《ろうにゃく》共に挊《かせ》ぎ候歟《か》。珍らしからざる軍事に候と雖も、存亡分の筋目能々思案すべき事、貴賤上下に寄るべからず候。当方中、勇兵等大功を以て成も、定正一身之誉と聞き候。去ば、朝に暮に老若を嫌わず祗候《しこう》之者共に、或は礼に及び、或は情之言を懸け、累年過し来たり候。

家臣は褒めて使え

ここで定正は、自分が戦いに臨《のぞ》んで、自ら太刀《たち》をもって戦ったことはないとしている。このあたり、のちの戦国時代の武将たちとは明らかにちがっている。定正の場合は、この二十年の間に三十度の戦いを経験したといっても、主として指揮を部下にまかせていたことを示している。

引用した文中、「功者共」とあるのは戦巧者の家臣のことをさしている。しかも、「相尋ぬる事を恥じず」といっていることからも明らかなように、自ら作戦を考えていたというよりは、「功者共」が進言してきた作戦を使って勝ってきたと述懐していたことがわかる。

つまり、定正は、有能な家臣たちの意見を採用することによって勝利を重ねてきたといっているのである。

さらに重要なのは、そうした家臣たちの身分の上下にかかわらず、採用された意見を進言してきた者に褒美《ほうび》を与えたという点である。それも、「時々刻々」とあるところをみれば、その都度《つど》、それこそ、間髪《かんはつ》を入れずに与えていたのであろう。

このことは、家訓としてかなり重要なことをいっているように思われる。というのは、定正は、家臣を上手に褒《ほ》めて使う術《すべ》を心得ていたと考えられるからである。大将ともなると、どうしても、家臣たちをもちあげることに抵抗感が出てきてしまいがちであるが、定正は、養子の五郎に、「家臣たちを褒めて使え」といっていたのである。

ここに引用した最後の部分でも、老若を問わず、祗候してきた者に挨拶《あいさつ》をし、言葉をかけるようにいっている。たとえ、直前の合戦に手柄《てがら》をたてていなくても、祗候してきた家臣に声をかけることで君臣の絆が強まることを定正は認識していた。「貴賤」とか「老若」という言葉からもうかがわれるように、定正は身分の上下を問わず、家臣たちに接していたことがわかる。

定正自身は、北条早雲（伊勢宗瑞）の台頭に押された結果、戦国大名として生き残ることはできなかったが、進んだ意識をもった武将であった。

武田信玄の「褒める力」

この、「家臣を褒めて使う」を実践していた武将の一人が武田信玄である。信玄の家訓ともいうべき名言が『甲陽軍鑑《こうようぐんかん》』にいくつか収められている。このあと、本書で『甲陽軍鑑』を何ヵ所かで引用することになるので、あらかじめ『甲陽軍鑑』の史料的性格についてふれておきたい。というのは、少し歴史にくわしい人の中には、「『甲陽軍鑑』は偽書《ぎしょ》ではないのか」と、その信憑性《しんぴょうせい》に疑いを持っている向きが多いと考えられるからである。

たしかに、今から五十年ほど前までは、『甲陽軍鑑』は歴史学者の中で偽書として扱われていた。それは、当時の古文書・古記録に一度も出てこない山本勘助《やまもとかんすけ》が、『甲陽軍鑑』には何度も登場していたからである。そのため、「架空の軍師山本勘助が活躍する場面が描かれている『甲陽軍鑑』は偽書である」というのが歴史学界の定説となっていた。

ところが、昭和四十四年（一九六九）、たしかな古文書に山本勘助（菅助）の名前がみつかり、山本勘助実在説が論証され、偽書というレッテルが徐々に剝《は》がされつつあるのである。その『甲陽軍鑑』に、信玄が家臣を褒めて使うようにいっている部分がある。

　よき大将ハ、軍《いくさ》の時、しつかい（悉皆）我が再拝（采配）を以テ勝利をゑ給ひても、ぬしの手柄とはなくして、近習《きんじゅ》・小性（姓）・ことのばら（小殿原）、わかとふ（若党）・小人《こびと》・中間《ちゅうげん》衆迄もほめたて、「ミなあれらが動《はたらき》を以テ、合戦に勝たる」と被レ仰ル故、かくのごとくの大将の下にハ、大名・少名、足軽《あしがる》・かち（徒）わかとふ・小人・中間衆迄、武辺おぼへの者多クいづるもの也。

　戦いに勝ったとき、信玄は「自分の采配《さいはい》がよかったから勝った」といわず、「お前たちの働きがよかったから勝った」といって、部下たちの働きを褒めていたことがわかる。人間どうしても、手柄を一人占めしたがる傾向があるが、信玄は家臣たちの働きを評価していたのである。

　しかも、『甲陽軍鑑』のほかの所で、「武士ハほめるもそしるも、ふまへ所をもつてさたするものなり」といっている。ただ褒めるのではなく、「どこがよかった」というところまで指摘していたことがうかがわれる。

無欲な上司に部下は集まる

信玄は、褒めることで家臣たちのやる気を引き出したわけであるが、主従の絆を強めるための教訓を家訓として残したのが鍋島直茂《なべしまなおしげ》である。

鍋島直茂という武将は、もともとは肥前《ひぜん》の戦国大名龍造寺隆信《りゅうぞうじたかのぶ》の重臣だったが、その主君龍造寺隆信が天正《てんしょう》十二年(一五八四)三月二十四日、島原半島の沖田畷《おきたなわて》で、薩摩《さつま》の島津《しまづ》家久《いえひさ》と戦ったときに討《う》ち死にしてしまう。隆信の子に武将としての力量がなかったので、直茂ははじめは国事代行の形で、やがて、まわりから推されて龍造寺氏に取って代わり、龍造寺家臣団を率いるようになった。ある意味、珍しい、平和的な下剋上《げこくじょう》といってよい。

このように、まわりから推される形で国事代行者になったことからも、直茂の人がらがうかがわれるわけであるが、その直茂が五十九ヵ条におよぶ「直茂様御教訓ヶ条覚書」(祐徳稲荷神社所蔵)を残している。これは、トップリーダーが下の者にどういう思いで接していくべきかを説いた家訓として注目される。その中からいくつかを解説を加えながらみておきたい。

一、以下の心を能量《よくはか》り、上に至而校量《いたりてこうりょう》し候はゞはづれ有り難く候。(第十七条)

一、諸事、人より先に斗《はか》るべし。（第二十二条）

一、人は下程骨折候事、能知るべし。（第三十七条）

一、人に揃事《そろうこと》は情也。情深く懸《かけ》候而も、大将心持悪《あ》しければ無益なり。無欲成るは人集まる。おのれと集たる人は、一騎当千たるべき、と仰せられ候事。（第四十三条）

まず第十七条であるが、「以下」というのはこの場合、部下といい換えてもいい。つまり、「上に立つ者は、部下が何を考えているかを読み取って行動しなければならない」という意味である。

第二十二条は実に短い。「斗る」は計ると同じで、「押しはかる」「おもんぱかる」の意味である。「人」もただ人一般をいっているのではなく、この場合も部下のことをさしており、「上に立つ者は、部下たちの先頭に立ってものごとを考えて行動しなくてはいけない」といっている。

第三十七条は、あらためて解説を必要としないほどわかりやすい。どうしても、上に立つと、下の者のことがみえにくくなるもので、このあたりは、昔も今も変わりがないと思われる。トップが、「部下も下になればなるほど骨が折れる仕事をしているんだ」という認識をもっているか否かは、その組織が発展できるかどうかの分かれ目になっているような気がしてならない。

そして、最後に引用した第四十三条であるが、冒頭の「人に揃事は情也」という部分はやや意味のとりにくい表現である。私は、「人が身につけておかなければならないのは情である」といった意味にとっている。注目されるのは後段とのつなぎのフレーズで、「いかに部下に情をかけても、大将の心持ちが悪ければどうしようもない」といっている点である。また、「無欲な上司のところには部下が集まり、集められて集まったのではなく、自然に集まった組織は強い」といっているあたりも、今日的意味をもつ言葉といってよいように思われる。

上に立つ者のもつ求心力ということになるが、いつの時代も、部下にとって魅力ある人間のもとには人が集まるものだということを示している。下の者の立場としても、魅力ある人のもとでいきいきと働きたいという願望があるからである。

気が合う者でも罪があれば……

主従の絆を強めるために武将たちがどのように心がけていたかという観点で、短い文章

であるが、薩摩の戦国大名島津義久《よしひさ》の「島津義久教訓」（「島津家文書」）も注目される。全文二十ヵ条の第十二条に、

一、我あひする者なりといふとも、科あらば罰すべし。我にくむ者なりといふとも、君に忠あらば賞を行べき也。

とある。わかりやすくいえば、「信賞必罰」「公私混同をするな」ということになるが、どうしても、人間である以上、好き嫌いの感情が入りこんでしまいがちである。

この点は戦国武将たちも気にしていたとみえ、黒田長政《くろだながまさ》は「相口《あいくち》」と「不相口」という表現を使って教訓を残している。「相口」はお互い気の合う者の意味で、「不相口」はその反対である。長政の残した「掟書之事《おきてがきのこと》」（「弘胤緘集」所収）の第二条につぎのように記されている。

一、凡君臣傍輩万民の上迄も、相口不相口といふ事あり。主君の家臣を仕ふ事、此意味有る事を知りて、常に思慮を怠らず、よく慎みて油断すべからず。家人多しとい

へども、其中に主人の気に応ずる相口成るもの、善人なれば国の重宝となり、悪人なれば妨げと成るものなれば、是軽々敷事にあらず。家老中兼て其旨を相心得、主人の佞臣《ねいしん》に心を奪はれざるやうに、きびしく諫言《かんげん》すべし。又家老抔《など》は相口不相口によりて、仕置の上にあやまち出来る事有べし。相口のものには贔屓《ひいき》の心付て、悪をは善と思ひ、或ひは賄賂《わいろ》にひかれ、或は追従軽薄に迷ひて、悪敷と知りながら、をのづからしたしむ事もあり。不相口成るものは、善人をも悪人とおもひ、道理をも無理のやうに聞あやまるものなれば、相口不相口によりて、政事に私曲出来るべし。家老中能々心得べき也（後略）。

ここでいう「相口」は、ふつう「合口」と書かれ、意味としては、話やうまが合うことで、よく、「彼とは合口がいい」などという使われ方をする。「相口」の者だけだと寵臣政治に陥りやすいことを長政は警戒していたことがわかる。

そこで重要になってくるのが、「掟書之事」の中でも出てきた諫言である。そこで、つぎに、諫言についてみておきたい。

4　諫言を受け入れる度量

直談判の機会をつくる

黒田長政は、その「掟書之事」の続きで諫言の重要性についてもふれている。その第七条にはつぎのようにみえる。

一、大国の主将は、君臣の礼儀のみ取繕ひて、定りたる出仕の対面斗にては、たがひの善悪心底分明ならざるもの也。去によつて、出仕の外、一ケ月に両三度づゝ、家老中幷小身の士たりとも、小分別も有る者を召寄せ、咄を催すべし。其節咄候事は、主人も聞捨、家老中も同前にして、伏蔵なく其時節の事を物語すべし。たがひに心底を残すべからず。若遺恨と成る事申出す者ありとも、此会の問答にをいては、君臣ともに少もいかり腹立べからず。或は主人の了簡違の事、仕損じありて勘気を申付たる者の侘言等、其外何事によらず、主人へ申達し難き事を残さず語るべし。如レ斯する事怠らざれば、諸士は勿論、万民の上までも委しく聞ふれて、毎事其善悪明白にはかりて、政道益に成る事多かるべし。

ここで長政がいっているのは、決められた出仕の日の対面だけでは、主君は家臣の、家臣は主君の心の内まで読みとれないということである。君臣の意思疎通をはかるにはどうしたらよいかという長政なりのアイデアが披露されている。

各大名家によって頻度はちがうものの、決まった日に開かれる「式日評定《しきじつひょうじょう》」という会議があった。今でいう会社の重役会議とみればいい。しかし、そうした「式日評定」だけでは意思疎通があまりうまくいかなかったのであろう。長政は、そうした出仕の日以外に、月に三回、家臣たちとの交流の場を設けたというのである。「君臣ともに少もいかり腹立べからず」という文言によってか、家臣たちはこれを「腹立てずの異見会」とよんでいたという。

おそらくこの「掟書之事」第七条に関係すると思われるが、長政は、慶長《けいちょう》五年（一六〇〇）の関ヶ原の戦いで東軍勝利に大きく貢献したその論功行賞で、筑前《ちくぜん》五十二万石に栄転したとき、福岡城を築き、そこに、ふだん使わない部屋を一つ用意させたといわれている。その部屋が、月に三回使われたというので、これが「腹立てずの異見会」に使われたものと思われる。

一説に、長政は、「自分に何かいいたいことがあれば、途中を介さなくてよい。直接その部屋にこい。直に話を聞こう」と城内に触《ふ》れを出したともいう。つまり、月のうち三日、朝から晩までその部屋にいて、直接、家臣たちの声に耳を傾けたというのである。その部屋には誰が掛けたか、お釈迦《しゃか》様の絵が掛けられていたことから、「釈迦の間の異見会」ともよんだといわれている。

この「釈迦の間の異見会」と「腹立てずの異見会」は同じことをいっているものと思われる。あるいは、そうした話は、この「掟書之事」第七条の記述から生まれたものかもしれない。

それにしても、「途中を介さなくてよい」というのは長政の大英断だったといってよい。というのは、その頃、身分の上下は絶対的なものであり、たとえば、足軽が長政に何かいいたいことがあっても、当時の封建制的主従関係のもとでは、直接いうことはできない。まず足軽組頭あたりに声をあげ、足軽組頭から足軽大将、足軽大将から家老に意見があげられ、家老からようやく長政に届くという形だった。

その間、「こんな意見は殿様の気を悪くする」と判断されれば、途中で握りつぶされてしまうだろうし、握りつぶされないまでも、角のとれた丸く、耳ざわりのよい表現に変えられた可能性は高い。その意味で、下の意見を直接聞こうと努力するだけ、長政は開明的な殿様だったといえる。

威厳をもっても、高慢になるべからず

黒田長政が、なぜ下々の声に耳を傾けようとしたのかを考えていたとき、一つ思いあたるものがあった。実は、長政の父黒田官兵衛孝高《かんべえよしたか》、すなわち黒田如水《じょすい》が、すでに諫言の重要性を指摘していたのである。それが「黒田如水教諭」(『黒田家譜』巻十五)の第三条で、そこにはつぎのようにみえる。

一、大将たる人は、威といふものなくては万人の押へ成がたし。去ながら、悪しく心得て、態《わざ》と我身に威を拵《こしらえ》て付けんとするは、却て大なる害となるものなり。其故は、只諸人におぢらるゝ様に身を持なすを威と心得、家老に逢ても威高く、事もなきに目をいからし詞をあらくし、人の諫《いさめ》を聞入れず、我に非有時もかさ押に言まぎらし、我意を振舞《ふるまう》によつて、家老も諫を言ず、おのづから身を引様に成行ものなり。家老さへ如レ斯なれば、まして諸士末々に至迄、只おぢおそれたる迄にて、忠義のおもひをなす者なく、我身構をのみして奉公を実によく勤る事なし。かく高慢に人をないがしろにする故、臣下万民うとみて必家を失ひ、国亡ぶるものなれば、能々心得可き事なり。誠の威といふは、先其身の行儀正敷理非賞罰明かなるは、強て人をしかりおどす事はなけれども、臣下万民敬ひ恐れて、上をあなどり、法をかろしむるものなくして、おのづから威備るものなり。

「黒田如水教諭」は全文四ヵ条からなっている。ここに引用したのはその第三条全文であるが、大将たる者の心得が記されていて、いかにも帝王学の伝授書といった趣がある。

ここで如水が強調しているのは、威と高慢のちがいについてである。威はいうまでもなく、威力とか権威といったときの威で、「人を恐れさせる勢い」とか「人を恐れ従わせる力」という意味である。如水も、上に立つ者は、その威をもっていなければならないとする。

しかし、その威というものが、なかなかくせものなのである。如水もそれに気がついていて、わが子長政に、威というものはどのようなものなのか、くわしく説明をしている。

ここで如水は、「諸人におぢらるゝ様に身を持なすを威と心得」てはならないと釘を刺している。

「おぢる」は「怖じる」と書いて、びくびく恐れる、こわがるの意味なので、家臣たちにこわがられるだけでは本当の威ではないといっていたことがわかる。如水は、なぜ「おぢられ」てはだめなのかについても解説を加えている。要するに、家臣たちが諫言をいってくれなくなるからというのである。

「異見」をこそ尊重せよ

諫言が大事なことは如水に限らず、当時の武将は誰もが気づいていた。たとえば、出雲《いずも》の戦国大名尼子《あまご》晴久《はるひさ》の家臣多胡辰敬《たこときたか》が残した「多胡辰敬家訓」（『続群書類従《ぐんしょるいじゅう》』第三十二輯下）の第十九条に、

矢ノ篦《の》ヲタム《（矯）》ルニ、火ノ入ヤウアリ、タメヤウアリ。人ヲタムルモ、ソレ〲ノ人ノ心ニヨリテ異見ヲモケウクン《（教訓）》ヲモスベシ。

とある。

「矯《た》める」というのは、まがっているものをまっすぐにすることをいい、矯正《きょうせい》の意味である。人はそれぞれちがいがあるのだから、その人に合った「異見」で矯めなければ意味がないと指摘していたことがわかる。現在は、「意見」の字が一般的に使われているが、当時は「異見」の字を使っている。この方が意味は通る。

さて、諫言との関係で私が注目しているのは、『甲陽軍鑑』に収録されている信玄の言葉である。

一、有時、信玄公の給ふ、国持つ大将、人をつかふに、ひとむき《（一向）》の侍をすき候て、其そうきやう《（崇敬）》する者共、おなじぎやう儀さはうの人計《ばかり》、念比《ねんごろ》してめしつかふ事、信玄ハ大きにきらふたり。（中略）其ごとくある世間のていをもちがへ、ひとむき一つかたぎ《（気質）》をこのむは、国持のひぎ《（非儀）》ならん。但よき大将の上にハ一つやうなるも、ほめてこそあるらめ。

信玄の一番いいたかったことは、「ひとむきの侍を好んでそればかり召し使ってはならない」という点である。「ひとむき」は一向で、信玄と同じ方向を向いているという意味である。

つまり、信玄は、「自分と同じ考えをもっている者ばかりをまわりに置くことは嫌いだ」といっていたことがわかる。どうしても、上に立つ者は、自分と同じような考えをもっている部下で固めたがる傾向がある。これは、やはり、ちがう意見をもつ部下が側にいれば、意見の対立があったりして、やりにくいし、精神衛生上もよくないという思いがあるからであろう。

その結果、あまり意見対立がなく、耳ざわりのいいことをいう部下をまわりに固めてしまうということになるが、信玄は、「それではだめだ」といっている。要するに、今風にいえば、「イエスマンばかりでまわりを固めては、組織はよくならない」という考え方である。「ひとむき一つかたぎをこのむは、国持のひぎならん」は名言である。

第二章 柱多ければ家強し——戦国大名家の組織づくり

1　一族・兄弟の結束を強めるために

「三本の矢」の虚実

戦国大名家の興亡を追いかけると、例外なく、一族・兄弟の結束の強い家が生き残り、結束が弱く、内訌《ないこう》（内輪もめ）ばかりくりかえしていた家は滅亡している。一族・兄弟の結束がいかに重要だったかを示している。

このことは、当然のことながら、当時の武将たちも気がついていて、家訓《かくん》の中にそのことを盛りこんでいる武将も少なくない。ここではまず、有名な「三矢の訓《さんしのおしえ》」のルーツといわれている毛利元就《もうりもとなり》の「三子《さんし》教訓状」をみておきたい。その前に「三矢の訓」の虚実について検討しておこう。

「三矢の訓」というのは、毛利元就が臨終《りんじゅう》の床で、三人の息子、すなわち長男隆元《たかもと》、二男元春《もとはる》、三男隆景《たかかげ》を枕頭《ちんとう》によびよせ、三人の子に一本ずつ矢を与え、「これを折ってみよ」という。子どもたちは難なくそれを折ってしまう。すると、つぎに元就は三本の矢を束にして隆元に渡し、同じように「折ってみよ」という。隆元は渾身の力をこめて折ろうとするが折れない。

元春・隆景も挑戦したが、やはり折ることができない。すると、それまで静かに子どもたちの行動を見守っていた元就がやおら口を開き、「一本ずつなら折れる矢も、三本束になっていると容易に折れない。毛利の家も同じことで、三人がバラバラだと倒されてしまうが、三兄弟が結束すれば、他国から攻められ、倒されることはあるまい」と、教訓したというのである。

この話は広く人口に膾炙《かいしゃ》していて、実際にあったエピソードと思っている人も多いようであるが、史実に照らしてみると、この話には二つの矛盾がある。第一に、元就の臨終の床には三人の息子は顔をそろえていない点である。元就が病死したのは元亀《げんき》二年（一五七一）で、長男の隆元は元就より早く、すでに永禄《えいろく》六年（一五六三）に四十一歳の若さで死んでしまっていた。

毛利家略系図

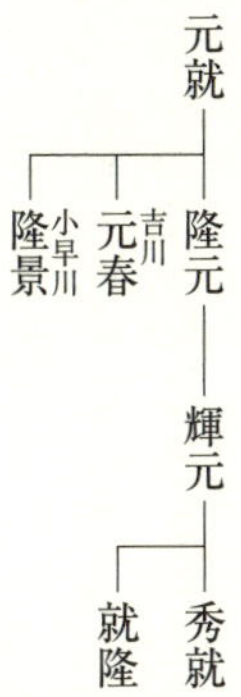

そして、もう一つの矛盾は子どもたちの年齢である。一般に伝えられている「三矢の訓」の場面は、前髪を垂らした少年が、父元就から矢を一本ずつ与

えられ、それを必死になって折っている姿が描かれている。ところが、元就が臨終のとき、一番年下の三男隆景ですら、もう三十九歳である。三十代、四十代のいい大人に、このような子どもじみたことをやらせるとは思えない。

実は、この「三矢の訓」の話は、弘治《こうじ》三年（一五五七）十一月二十五日付の元就自筆書状の内容をもとに創作されたものだったのである。いつ、誰がというところまではわかっていないが、元就自筆書状を読んだ江戸時代の人が、中国の『西秦録《せいしんろく》』に出てくる似たような話をヒントに創作したものといわれているのである。

兄弟間で壁をつくってはならない

その元就自筆書状（『毛利家文書』）は全文十四ヵ条からなるかなり長文のものであるが、その中に、つぎのような一文がある。仮名まじり漢文を読み下しにして引用しておく。

一、申す事ふるび候といへども、いよいよ以て申し候。三人の半《なか》ば、少しにても、懸子《かけご》へだても候はゞ、たゞ〳〵三人御滅亡とおぼしめさるべく候〳〵。余の者ニハ、取分け替はるべく候。我等子孫と申し候はん事は、別して諸人のにくまれを蒙《こうむ》るべく候間、あとさきにてこそ候へ、一人も人は洩《も》らし候まじく候〳〵。縦《たと》ひ又、かかはり候ても、名を失ひ候て、一人二人かかはり候ては、何の用にすべく候や。申す能はず候。

やや難解なので、現代語訳をすると、つぎのようになる。

いうことは古いことかもしれませんが、この際なので申しあげます。隆元・元春・隆景の三人の仲のことです。少しでも懸子のような仕切りや隔てが出てくると、三人とも滅亡すると思って下さい。他家の者は、毛利家にとって替わろうとしています。我等の子孫は諸人から憎まれているわけなので、一族の人間は結束を固め、一人も洩らしてはいけません。三人の結束が大事で、一人、二人では役にもたちません。

元就は子どもたちに、「三人の間で壁をつくってはいけない」と強調している。戦国大名としての毛利氏の発展にとって、この元就自筆書状は大きな意味をもった。前述したように、長男隆元は元就に先だって死んでしまったが、そのあと、隆元の遺児輝元《てるもと》を二人の叔父、吉川《きっかわ》家をついだ元春と、小早川《こばやかわ》家をついだ隆景の二人がみごとに補佐し、毛利家をさらに発展させているからである。吉川の川、小早川の川、この二本の川が毛利本家を守ったということで、「毛利両川《りょうせん》」体制とよばれている。

兄弟の結束で成功した武将

兄弟の結束の重要性を強調していた武将の一人が武田信繁《たけだのぶしげ》である。

信繁は信玄《しんげん》の弟で、信玄が「甲州法度《はっと》之次第」という分国《ぶんこく》法を残したのに対し、信繁は家訓「古典厩《こてんきゅう》より子息長老江異見九十九箇条之事」を残している。「古典厩」というのは、信繁が左馬助《さまのすけ》を名乗っており、左右馬寮《さうまりょう》の唐名が典厩だったからで、子の信豊《のぶとよ》も左馬助を名乗ったため、信繁は古い方の典厩というわけである。

信玄・信繁兄弟の父信虎《のぶとら》は弟の信繁の方をかわいがり、信繁に家督《かとく》を譲りたいと考えていたようで、信繁にその気があれば、家督が信繁にまわった可能性もあった。しかし、信繁は兄の信玄を立て、信玄が家督をついだあとも、その補佐役に徹していた。そこで、信玄が家中法を、信繁が主従制の規範を家中に示したのである。

九十九ヵ条の第七条は原文では、

一、対二兄弟一、聊不レ可二疎略一事。後漢書曰、兄弟左右之手也。

となっている。読み下しにすると、「兄弟に対し、聊《いささ》かも疎略すべからざる事。後漢書に曰う、兄弟は左右の手也」ということになる。

よく、「兄弟は身近なライバルである」などといわれる。たしかに、織田信長《おだのぶなが》も伊達政《だてまさ》宗《むね》もライバルになりうる弟を殺しており、逆に、越後《えちご》の長尾晴景《ながおはるかげ》は、有能な弟景虎《かげとら》を殺さなかったために、景虎に家督を奪われており、戦国時代、武将たちの兄弟関係は実に微妙だった。しかし、武田信玄と信繁兄弟は力を合わせ、武田領国《りょうごく》を築きあげることに成功している。

島津家略系図

そして、もう一つの成功例は薩摩《さつま》の島津《しまづ》氏である。島津氏の場合は二兄弟ではなく、四兄弟の結束だった。略系図で示すと上のようになる。

この義久《よしひさ》・義弘《よしひろ》・歳久《としひさ》・家久《いえひさ》四兄弟の結束によって、島津氏は大友《おおとも》氏や龍造寺《りゅうぞうじ》氏を凌駕《りょうが》し、九州を

後北条家略系図

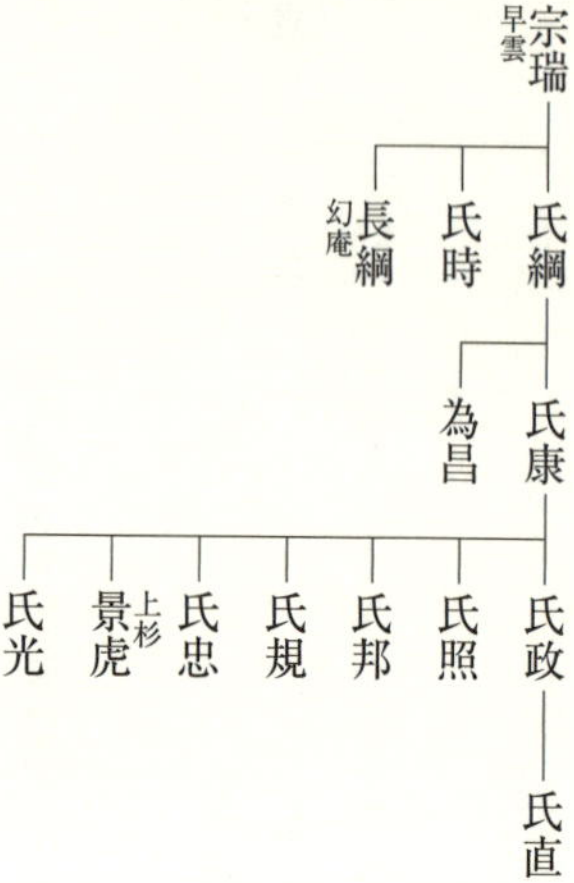

ほぼ席捲《せっけん》することに成功しているのである。天正《てんしょう》十五年（一五八七）に豊臣秀吉《とよとみひでよし》の九州攻めに抵抗した義久に代わり、義弘が島津の家を守ったことはよく知られている。

同じように、兄弟の結束力によって家を大きくしていったのが後北条《ごほうじょう》氏である。三代氏康《うじやす》の子どもたちが、それぞれ支城主となって、家督をつぎ、小田原城主となった氏政《うじまさ》を支えていた。

具体的にみると、氏政のすぐ下の弟氏照《うじてる》が滝山《たきやま》城主（のち八王子《はちおうじ》城主）となり、その下の弟氏邦《うじくに》が鉢形《はちがた》城主、さらにその下の弟氏規《うじのり》が三崎《みさき》城主（のち韮山《にらやま》城主）となって、それぞれの支城領支配を行っていた。後北条氏が「関八州《かんはっしゅう》国家」といわれる広大な戦国大名領を維持できたのは、この兄弟たちの結束があったからである。

今川氏が早くに滅びた理由

そうした成功例とともに、失敗例もみておきたい。駿河《するが》の今川《いまがわ》氏である。
今川氏親《うじちか》には六人の男の子がいた。そのうち、長男の氏輝《うじてる》と二男の彦五郎《ひこごろう》の二人だけを残し、三男以下は僧侶にさせたり、他家に養子に出していた。具体的にみると、三男は玄広恵探《げんこうえたん》といって花倉《はなくら》（静岡県藤枝市）の遍照光寺《へんじょうこうじ》の住持《じゅうじ》に、四男の象耳泉奘《しょうにせんしょう》も僧侶に、五男の梅岳承芳《せんがくしょうほう》は富士（静岡県富士市）の善得寺で修行中だった。六男の氏豊《うじとよ》は尾張《おわり》の那《な》古野《ごや》今川氏の養子となっていたのである。

子どもたちを僧籍に入れたのは、足利将軍家のやり方をまねていたからである。家督争いがおこらないように、一人だけを残し、残りの兄弟は寺に入れ、もし跡とりの嫡男が亡くなったりした場合、弟たちの中の一人を還俗《げんぞく》させ、跡をつがせるというやり方である。氏輝は病弱だったため、二男も駿府今川館に残しておいたものと思われる。

今川家略系図

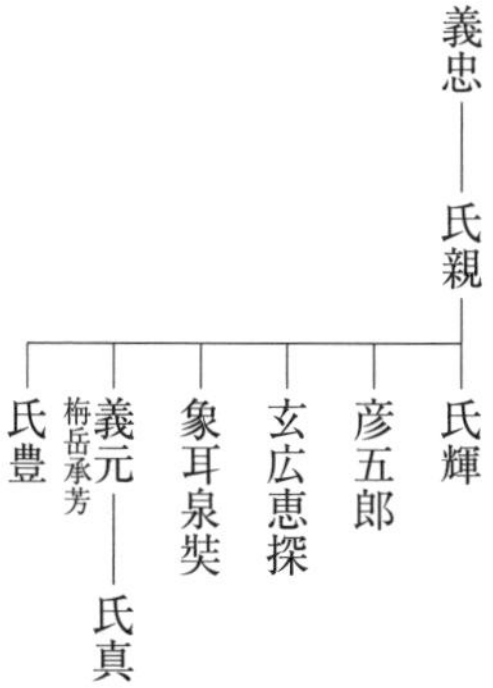

氏親が亡くなり、氏輝が家督をついだが、その氏輝が天文《てんぶん》五年（一五三六）三月十七日、突然、二十四歳の若さで没してしまった。不思議なのは、その

同じ日、弟彦五郎も亡くなっていることである。氏輝には子どもがいなかったため、三男の玄広恵探と、五男の梅岳承芳との間で家督争いがおき、梅岳承芳が勝って、義元《よしもと》と名乗り、家督をついでいる。

こうしたいきさつからみても、今川氏において、兄弟仲がよかったとは思えない。このあたり、島津氏や後北条氏より早く今川氏が滅亡していった原因があったとみることができる。

一族・兄弟の結束を強めるには、後継者の育成が不可欠である。そのためには、子どもの傅役《もりやく》にどのような者を選ぶかがかなり重要になってくるが、家訓において、その点を指摘している武将もいた。すでに一部引用した黒田長政《くろだながまさ》の「掟書之事《おきてがきのこと》」につぎのような一文がある。

一、子供に付候者は、其人柄を再三詮議《せんぎ》して念を入べし。其者善人なれば、其子善人となり、悪人なれば悪人と成るものなれば、其人を能々撰《よくよくえら》び用ゆる事、ゆるかせにすべからず。近習《きんじゅ》の士もくはしく詮議をとげ、人をゑらびて申付る事肝要也。

ここで長政は傅役の人選に慎重さが必要なことを強調している。傅役には一族の者がつけられることもあれば、家臣の中から抜擢《ばってき》されることもあった。伊達政宗の傅役だった片倉小十郎景綱《かたくらこじゅうろうかげつな》は、政宗が当主となったあとは、その補佐役となっている。

2　譜代門閥主義の打破

世襲を否定する家訓

32ページでも少し触れたが、戦国時代も、その前半は譜代門閥《ふだいもんばつ》主義が主流だった。「家老の子は家老」「足軽《あしがる》の子は足軽」などといわれたりする。

ところが、譜代門閥主義だと、たとえば、家老の家柄の家に、家老にはふさわしくないと思われる後継者が出た場合も、「家老を出す家だから」という理由で家老になってしまい、その大名家にとってはマイナスである。そこで、次第に譜代門閥主義から、能力本位の人材抜擢へと移っていくことになる。

そのあたりを明確に打ち出したのは、越前《えちぜん》の戦国大名朝倉孝景《あさくらたかかげ》ではないかと思われる。

序章でも言及した「朝倉孝景条々」の第一条・第二条にそのことがみえる。読み下しにして引用しておきたい。

一、朝倉の家において宿老《しゅくろう》を定むべからず。その身の器用・忠節によりて従うべきの事。（第一条）

一、代々持ち来たり候などとて、無器用の人に団《うちわ》并《ならび》に奉行《ぶぎょう》職預けられまじき事。（第二条）

いずれも短い文章であるが、いわんとしていることはきわめて先進的である。

まず、第一条で宿老を固定しないといっている点が注目される。本人の「器用・忠節」によって抜擢するといっているわけで、世襲を否定したことがわかる。「器用」は器量などといわれることもあるが、知恵と人徳を備えた人といった意味である。働きぶりをみていて、能力がありそうだと思った者に宿老を命ずるというわけで、明らかに譜代門閥主義の打破に動いていたことがわかる。

二条目も注目される。「団」とあるのは軍配団のことで、団を持つ人が軍師ということになる。また、奉行職はこの場合、一般の奉行というよりは軍奉行《いくさ》のことと思われるが、これも世襲とはしないとしている。戦いに関係する軍師や軍奉行が世襲制で、万が一、能力のない者がその職についたときのことを考えると、朝倉孝景の考えは当然だったといえる。戦国の早い段階でこうした考え方を持っていたというのは驚きで、以後、こうした能力本位の人材抜擢が主流となっていく。

ご機嫌取りは重用するべからず

世襲制のときには、特にトップの判断は求められることはなかったが、能力本位主義となると、トップは部下の能力をみて、判断しなければならなくなる。このことに関係して特筆すべきは藤堂高虎《とうどうたかとら》の言葉である。

藤堂高虎は近江《おうみ》の出身で、元亀元年（一五七〇）六月の姉川《あねがわ》の戦いのときには、十五歳で浅井《あざい》長政の家臣として出陣している。その後、浅井氏が滅亡したため、主人を何人も変え、ようやく羽柴《はしば》秀吉の弟秀長《ひでなが》に仕えて安定したが、秀長の死、その養子秀保《ひでやす》の死と主人運には恵まれず、高野山に登ってしまった。そこで秀吉に招かれ、秀吉の家臣となり、最終的には徳川家康《とくがわいえやす》に仕え、津《つ》藩初代藩主となっている。

そうした人生経験豊かな藤堂高虎が残した家訓が「高山公御遺訓《こうざんこうごいくん》」（『高山公実録』巻之四十九附録）で全文二百ヵ条から成っている。その第二十二条につぎのようにみえる。

一、主人目の明《あか》ざるは必禍《わざわい》多かるべし。奉公よくする者を不二見《み》付《つけず》一、当座気に入《いり》がほ成を悦《よろこ》び、禄をとらせ懇《ねんごろ》ふりするゆへに、能《よき》奉公人気をかへ、暇《いとま》をとるもの也。主人の難にあらずや。当座気に入がほの者ハまいすたるべし。（第二十二条）

「主人目の明ざるは」というのは、人をみる目のない主人のことを指している。要するに、ちゃんと奉公している家臣をみつけることができず、主人にゴマをするような者を優遇すれば、まじめな家臣たちは嫌気がさして、暇を取ってしまうと指摘しているのだ。

高虎はまじめな奉公人を評価せず、主人のご機嫌を取ってばかりいるような者を側に置くのは主人の落ち度であるとする。「まいす」は売僧と書いて、本来は物売りをする僧、悪徳僧のことをいうが、ここでは人を罵《ののし》る表現として使っている。

秀忠が評価を見誤った武将

人をみる目のない主人となると、私の頭にすぐ浮かんでくるのは徳川秀忠《ひでただ》である。『東《とう》照宮《しょうぐう》御遺訓』におもしろいエピソードが載っている。家臣の名前は残念ながら太田というだけで、名乗りはわからない。そこで、ここでは太田某としておく。

将軍職を家康から譲られた秀忠が太田某を召し抱えようとしたときの話である。江戸城の秀忠の前に伺候《しこう》した太田某は、秀忠から「五百石の知行《ちぎょう》を与える」旨の知行目録をもらったが、それを受けとったとたん、投げ捨ててしまったというのである。秀忠が怒ったのも無理はない。将軍の権威台なしで、「成敗してくれん」といって刀に手をかけたが、側近の者がそれをとどめ、「太田某は、家康殿から特に目をかけられていた男。何か事情があるのかもしれません。家康殿に問い合わせてみてはいかが」といった。

そこで、早速駿府の家康に問い合わせると、家康からの返事がきた。その返事というのが『東照宮御遺訓』に載っていたため、この太田某の一件が明らかになったわけだが、それはまた家康の語録としても伝えられる結果となったのである。家康はこの一件にかこつけて、秀忠に教訓をたれている。すなわち、

太田が所存は慮外にてはこれ無きぞ。忠臣也。子細は、知行功にあたらず、過不及

これある時は、諸奉公人誠を失い、身の程を知らず、よきものは埋れ、軽薄者がはびこるものぞ。武士は身の程を知る事第一也。諸人身の程を知る時は、政道乱れずして家の長久ぞ。

というもので、要は、「お前が太田某に五百石などという低い石高を示したのが悪い」ということになる。結局、秀忠はこのあと、太田某にあらためて二千石の知行目録を与えて一件落着となるわけであるが、その人物にみあった待遇をすることが、いつの時代もむずかしかったことを示している。

家康の言葉の中に「身の程を知る」というものがある。現在の感覚だと、「身の程を知れ」などといわれ、「あまり出すぎるな」といった意味として使われているが、この時代はむしろ肯定的なニュアンスだったことがわかる。つまり、「身の程を知る」というのは、自分の器量を自分なりに判断していたことの裏がえしの表現だったのである。

自信に満ちた部下をどう処遇するか

戦国時代の家臣たちは、いま仕えている主君が、自分の器量にあった正当な評価をしてくれていないとみるや、仕えをやめ、他の主君を探すためにその家を飛び出すということが結構あった。江戸時代の終身雇用とはちがっていたのである。

その点に関連して興味深い事例がある。ふつうは、器量の有無を主君が認定するが、家臣が自分で判断していたというケースである。

江戸時代中期、京都町奉行所与力《よりき》を勤めた神沢貞幹《かんざわていかん》の随筆集『翁草《おきなぐさ》』に出てくるエピソードで、いつのことなのかははっきりしていない。加藤清正《かとうきよまさ》の家臣に坂川忠兵衛《さかがわちゅうべえ》という者がいた。清正があるとき、母衣衆《ほろ》、すなわち親衛隊を組織しようとしたときのことである。清正は、家中の侍に入札《いれふだ》、すなわち投票をさせ、それによって決めようとしたことがあった。

このこと自体、珍しい人事のやり方といってよいが、このとき、坂川忠兵衛は自分の名前を書いて投票した。自分の名前を書いたことがわかったということは、このときの投票は無記名投票ではなく、記名投票だったようであるが、「他人を推薦するのがあたりまえの入札に、自分の名前を書くとは何事か」と怒った清正は、家老たち重臣が居並ぶ場に坂川忠兵衛を呼び出し、詰問した。

詰問された坂川忠兵衛の答え方がまたふるっている。かいつまんでいうと、「父と子という親子の仲でも他人は他人。その人の心の中までのぞくことはできません。他人が母衣武者として適当かどうかをはかれる道理がありません。私自身のことは私が一番よく知っております。私は母衣武者にふさわしいと思ったから自分の名を書いたのです」という内容である。

これには、さすがの清正も手を打って感心し、六百石に加増して母衣武者に加えたという。これくらいの自信がなければ、戦国の荒波を乗り切ることはできなかったのであろう。

3 「義を守る」ことの重要性

最後まで義を貫いた北条氏康

戦国武将が残した家訓をみていると、「義を守る」といったフレーズがよく出てくる。たとえば、すでに一部引用した「北条氏綱《うじつな》公御書置」の冒頭第一条はつぎのような記述となっている。

一、大将によらず、諸侍とも義を専《もっぱら》に守るべし。義に違《たが》いては、たとい一国二国切り取りたりというとも、後代の恥辱いかがわ。天運つきはて滅亡を致すとも、義理違えまじきと心得なば、末世にうしろ指をさささるる恥辱はあるまじく候。昔より天下をしろしめす上とても、一度は滅亡の期あり。人の命はわずかの間なれば、むさき心底《しんてい》努々《ゆめゆめ》あるべからず。古き物語を聞きても、義を守りての滅亡と、義を捨てての栄花とは、天地各別にて候。大将の心底慥《たしか》にかくのごときにおいては、諸侍義理を思わん。その上無道の働きにて利を得たる者、天罰終に遁《のが》れ難し。

ここで氏綱が強調しているのは、「義を守れ」と「義理を違えるな」ということになるが、「末世にうしろ指をさささるる恥辱」を極端に嫌っていた点が特に注目される。当時、すでにこうしたいい方があったことがわかり興味深い。

戦国時代は、よくいわれるように、寝返り、裏切りがあたりまえであったが、氏康はこの氏綱の教えを守り、義理を違えなかったという事例がいくつかの場面にあらわれている。

たとえば、氏康は、甲斐《かい》の武田信玄、駿河の今川義元と「甲相駿《こうそうすん》三国同盟」を結んでいたが、永禄三年（一五六〇）の桶狭間《おけはざま》の戦いで今川義元が織田信長によって討たれたあと、落ち目になった今川氏を信玄が攻めたとき、氏康は今川氏救援に出陣しているのである。戦国時代には珍しいくらい義理を守った武将だったわけで、これは父親氏綱の教えを氏康が固く守ったからである。

外交の義よりも主従の義

もっとも、このとき義理を違えた武田信玄も、家中の武士たちには「義を守れ」といっていたことが知られている。『甲陽軍鑑《こうようぐんかん》』の中で、信玄は、源頼朝《みなもとのよりとも》・足利尊氏《あしかがたかうじ》らが天下を取ったことにふれながら、つぎのようにいっている。

信玄公被レ仰ハ、右の通名を取て、けがなくて、命長久ニて、果報なれば、大国名ハおのづから其大将ノ前へ来ル者也。くわほう有共、時刻あたり不レ来間ハいそぐべからず候。子細をたとゆれば、春夏秋冬とあたり来ルごとし。いそぐとて、春から秋へハ何としてもとばぬもの也。こゝの道理をわきまへず、果報もなきに大国をおほくのぞミ、我おんをうけたる主君へ、逆心をくわたて候ふぎハ、みな邪道也。

この部分で信玄が一番いいたかったのは最後のところであろう。「ふぎ」は不義なので、「果報もないのに大国の主になろうとして、恩を受けた主君に逆心を企てるような不義は邪道である」といっていたことがわかる。信玄は、外交関係の「義」よりも、主従関係の「義」を重視していたのであろう。

さて、「義を守る」といういい方は、戦国前半よりも、戦国後半にふえてくるような印象がある。戦国前半は、恥も外聞も気にせず、とにかく勝たなければ意味がないという感じであったが、後半になると、勝ち方や、その後の組織の在り方も関係し、「義」に重きが置かれるようになっていった。「武士は二君《じくん》にまみえず」などといういい方が出てくるのは、戦国後半から江戸時代にかけてである。

自己犠牲の精神

「義を守る」という点で注目される家訓が「本多《ほんだ》忠勝《ただかつ》公御遺書」(小澤富夫《おざわとみお》編『武家家訓・遺訓集成』所収)である。

本多忠勝は平八郎《へいはちろう》の名で知られ、酒井忠次《さかいただつぐ》・榊原康政《さかきばらやすまさ》・井伊直政《いいなおまさ》とともに「徳川四天王」に数えられ、家康の武功派家臣の代表格といってよい。その忠勝には「本多平八郎聞書」という史料もあるが、これは主として主君徳川家康の言行を記録したもので、忠勝の家訓としては「本多忠勝公御遺書」の方がそれに該当する。短い文章なので、全文を引用しておく。

侍は首とらずとも不手柄《てがら》とも、事の難に至て不退、主君と枕を並《ならべ》て討死をとげ、忠節を守るを指て侍と申也。義理恥を不レ知輩は、物の吟味せざる故、幾度の首尾有候ても、一つも床敷《ゆかしく》は思はず、禄を以て招く時は、譜代の主君をすて、二君に仕る輩あり。其れ心は物にふれ移りやすきものなれば、仮初《かりそめ》にも侍道の外を不レ見聞、朝夕身を習し、武芸を心かけ、学文するも忠義大功を聞、冑の緒をしめ、鎗長刀太刀を提げ、天下の難義を救はんと志すは侍の役也。

忠勝は「旗本先手《さきて》役」の中心として、五十数度の合戦に出陣し、そのほとんどで先鋒をつとめたといわれている。実際、忠勝は、この「御遺書」の冒頭で述べている通りのことをやっていた。戦いの展開次第ではむずかしい場所に身を置かざるをえないことが何回もあったと思われる。退くことは簡単だが、「それでは本当の侍ではない」という意識が忠勝にはあったのである。

天正十二年（一五八四）の小牧《こまき》・長久手《ながくて》の戦いのとき、忠勝には、八万といわれる秀吉軍にわずか五百の兵であたらなければならない場面が生じた。そのとき、忠勝は、そこに踏みとどまり、家康のために時間かせぎをしている。短い言葉ながら、「事の難に至て不退」という表現は、そうした自己の体験に裏打ちされている重い言葉なのである。

異端の三河武士たち

「御遺書」のまん中あたり、「禄を以て招く時は、譜代の主君をすて、二君に仕る輩あり」と、主君を代える者を非難している箇所も注目される。というのは、忠勝の時代は、まだ「武士は二君にまみえず」といったいい方は定着していなかったからである。

すでに述べたように、戦国時代の武士道は江戸時代の近世武士道とはちがって、自分の能力を正当に評価してくれる主君を求めて、簡単に主君を代えていた。「一度お仕えした主君に終生お仕えするのが武士である」といったいい方はまだなかったのである。

その点では、この本多忠勝をはじめとする家康の家臣団、すなわち三河武士のやり方はやや異常だったといっていいかもしれない。家康が天下を取ったことで、こうした考えがあたりまえとなり、家康が奨励した儒教の教えともマッチして、主流となっていったのである。そのような思想形成に、この「本多忠勝公御遺書」にみられる考え方が何らかの形で影響していたとみることはできよう。

なお、忠勝の家訓にはもう一つ「本多中書家訓」がある。忠勝は従五位下・中務大輔《なかつかさたいふ》となっており、中務大輔の唐名が中書だからそうよばれた。その中に、「武士は唯々志さへ正道にて、武芸を嗜《たしな》み勇猛なれば、善き武士なりと教る也」とある。

さて、三河武士ではなく、義の字も使っていないが、「義を守る」ことの重要性を家訓に入れていた武将が黒田如水《じょすい》である。48ページで紹介した「黒田如水教諭」の第一条につぎのようにみえる。

一、神の罰より主君の罰おそるべし。主君の罰より臣下百姓の罰恐るべし。其故は、神の罰は祈もまぬかるべし。主君の罰は詫言《わびごと》して謝すべし。只臣下百姓にうとまれては、必国家を失ふ故、祈も詫言しても其罰はまぬかれがたし。故に神の罰、主君の罰よりも、臣下万民の罰は尤もおそるべし。

ここで如水は、「百姓にうとまれては、必国家を失ふ」として領国経営の肝を説いている。如水は、義を守り、誠実に臣下万民に接すべきことを教訓として残していたのである。

4　組織を強くする術

節のある木も使い道がある

家訓の中には、どうしたら組織を強くすることができるか、その要諦《ようてい》を説いているものもある。ここで「多胡辰敬《たこときたか》家訓」をもう一度取りあげたい。

50ページでみたように、多胡辰敬は尼子晴久《あまごはるひさ》の重臣で、辰敬の父忠重《ただしげ》は尼子経久《つねひさ》の奉行職をつとめている。辰敬自身、天文九年（一五四〇）八月の尼子晴久による毛利元就の郡《こおり》山《やま》城攻めにも従軍していた。

のち、同十三年（一五四四）ころ、辰敬は石見国《いわみのくに》刺賀《さっか》の岩山《いわやま》城主となっており、家訓はそのころ執筆されたものと考えられる。ちなみに、辰敬は、永禄五年（一五六二）二月、岩山城を毛利元就に攻められたとき、そこで討ち死にしたといわれている。

「多胡辰敬家訓」は全文二十七ヵ条とかなりの長文である。ここでは、家中を家の構造にたとえた第十九条の一部を引用しておく。

一、人ヲツカフ事（中略）。何ガシ殿家ト其《その》ウツロ《（洞）》ヲイフ事、作タル家ノゴトシ。主人ハヤネ《（屋根）》ノ心也。親類ハケタ《（桁）》、ハリ《（梁）》ノ心也。ヲトナ《（乙名）》・代官ナドハ柱ノ心也。ソウシャ《（奏者）》取次ヲシ、面ニ立テマハル物ハ面ノ戸ノ心也。ウチ〳〵ニテハシリマハル者ハ内ノ戸ノ心也。ハシリマハラネドモアル物ハコミガキ《（籠垣）》ノ心也。百姓ハ畳敷板ノ心也。イヅレカケテカ其家スナヲ《（素直）》ナラン。先、柱ニナル内ノ者ハウバイ《（傍輩）》ヲキラフ事大キニ曲事《くせごと》也。柱一本ニテハ家ツクラルベキカ。柱ヲホクタテタル家ハツヨキ物也。スグニ見事ナル柱スクナキヨリモ、フシ《（節）》木ナレドモ、又ハ少ノ木タラハネドモ、戸ヅキダニモスグナレバ、柱アマタ立タルガ家コロバズ。戸タテグ《（建具）》ハケツコウ《（結構）》ニハナケレドモ、仕合セヨケレバアケタテヨシ。見事ナレドモ、ツマリヒヅミタルハアケタテナラズ。人モソノゴトシ（後略）。

ここに出てくる「ウツロ」は、「洞」の字があてられ、一族とか一族仲間の意味に使われている。主君を屋根、親類を桁《けた》や梁《はり》、乙名《おとな》、すなわち重臣や代官を柱、奏者を表の戸、内々で走り回る者を内の戸、百姓を畳や板敷にたとえ、そのどれかが欠けていても家は成りたたないとする。

それだけの指摘であればどうということはないが、注目されるのはそれから先である。柱になる者、つまり、重臣や代官の立場の重要性に言及し、「柱になる者は傍輩（同僚・仲間）を嫌ってはならない」という。辰敬はそこまでしかいっていないが、裏には、「傍輩に嫌われてはならない」といいたかったのかもしれない。

また、「柱が多ければ家が強くなる」、「柱をたくさん立てれば家はころばない」といっているあたりも、やはり、重臣・代官の存在を重くみている辰敬の立場、考え方として注目されるところである。

いまでも、一つの組織を一軒の家にたとえて人間関係の重要性が論じられたりするが、「節のある木も使い道がある」という指摘はおもしろい。節があったり、曲がった木は使いにくく敬遠される傾向にある。人間も偏屈な者は嫌われたりするが、材木と同じで、そのような者も使いようだといっていたことがうかがわれる。
実際、曲がった材木も、うまく梁に使ったり、節があっても床柱に使ったりして生かせるわけで、部下も使いようだとする多胡辰敬の教訓には説得力がある。

家康が残した教訓

多胡辰敬は、このように家中を家の構造にたとえて教訓を残したわけであるが、植木にたとえて教訓を残したのが徳川家康である。

家康の遺訓というと「人の一生は重き荷を負うて遠き道を行くがごとし」ではじまるものがよく知られている。忍耐に忍耐を重ねた家康の一生を表現しているとして、長いこと家康の遺訓と信じられてきた。ところが、それは幕末、一人の旗本が水戸《みと》の徳川光圀《みつくに》の言葉を下敷きにして創作したもので、残念ながら家康はそのような遺訓は残していなかった。

では、遺訓にあたるものは残さなかったかといえば、そうではなく、「神君御書《しんくんごしょ》」（国立公文書館内閣文庫所蔵、『新修　徳川家康文書の研究』）という形で長文の訓誡《くんかい》状を残していたのである。「神君」というのは、死後、東照大権現《だいごんげん》として神に祀《まつ》られた徳川家康のことである。
家康は慶長《けいちょう》十七年（一六一二）二月二十五日付で、二代将軍秀忠の夫人お江《ごう》に宛てて訓誡状を認《したた》めている。それが「神君御書」として伝えられるもので、写本によって「神君御文」とか「大神君より崇源院《すうげんいん》様江御示しの御書」などとなっている。崇源院はお江のことである。長文なので、その一部を引用しておく。

幼少之者、利発に候とて、夫《それ》を誉立《ほめたて》、立木の儘《まま》に育て候へば、成人之節、気随《きずい》我儘《わがまま》者に成り、後々は親の申事《もうす》もきかぬものにて候。親之申事さへきかぬ様に成候へば、召使候者の申事は猶以《なおもって》之事にて候。左候得ば、後には国郡を治め候事は扨置《さておき》、我身も立申さぬ様なり申候。一体、幼少之節は、何事も直なるものにて候まゝ、如何様《いかよう》に窮屈に育候ても、最初よりの仕附《しつけ》次第にて、外より存候程には大儀も無レ之候。是《これ》を植木に譬《たと》へ候へば、初め二葉にかい割候節は、人の産立《うぶたち》と同じ事故、随分養育いたし、最早二三年も立、枝葉多く成候節、添木《そえぎ》いたし直に成候やうに結立、其内《そのうち》に悪敷《あしき》枝は芽を出し候節かき取、年々右之通、手入いたし候得ば、成木の後、直《す》ぐなる能木《よき》になり申候。人も其通《そのとお》り、四五歳よりは添木の人を附置候て、悪敷枝の我儘に育たぬ様にいたし候へば、後に直に能き人と成申候（後略）。

一読して明らかなように、子育ての心得について述べたものである。家康が息子秀忠の夫人であるお江に、慶長十七年の時点でこのような訓誡状を出したのには理由があった。

秀忠・お江夫妻には、慶長九年（一六〇四）生まれの竹千代《たけちよ》（のちの家光《いえみつ》）と同十一年生まれの国松《くにまつ》（のちの忠長《ただなが》）の二人の男子がいた。竹千代より国松の方が利発で、お江も国松の方をかわいがっていたという。竹千代が乳母のお福《ふく》（のちの春日局《かすがのつぼね》）に育てられていたため、お江もよけい国松に愛情をそそいでいたともいわれている。

お福は、「このままでは国松に家督がまわってしまうかもしれない」と焦り、駿府の家康に直訴に及び、ことの次第を知った家康がお江に釘をさしたのがこの訓誡状である。

家督争いをなくすためのルール

注目されるのは、家康が子育てを植木を育てることにたとえて説明している点である。特に添木の必要性を強調しているあたりがおもしろい。木の添木にあたるのは、人の傅役である。竹千代には傅役がついていたのに、このころの国松にはまだ傅役がついていなかったのかもしれない。家康は国松がわがままに育ってしまったのではないかと心配したものと思われる。

しかし、このときの訓誡状はそれだけではなかったのである。この続きの部分で、家康はもっと辛辣《しんらつ》なことをいっている。すなわち、

> 大名は、惣領《そうりょう》は格別、次男よりは召仕之者同様に心得候やうに常々申聞せ、そだて候時より主人と心得候様に、くれ〲も可レ被二申聞一候。惣領より次男の威勢強きは、家の乱れの元に候事。

というのである。つまり、惣領は将来主人になる者であり、二男以下は家臣となるのだから、そのけじめをつけて育てる必要があるといっていたことがわかる。

周知のように、戦国時代までは、惣領になることができたのは長男だけとは限らなかった。何人か男子がいれば、長幼の順は関係なく、一番器量がありそうな子に家督を譲っていた。尾張の織田信秀《のぶひで》が、長男信広《のぶひろ》、二男安房守《あわのかみ》ではなく、三男信長に家督を譲っていたのはその好例である。

しかし、それでは家督争いがおきることも事実であった。そこで、家康は、三代将軍になる秀忠の跡目は、器量の有無ではなく、長幼の順で決めるルールに変えようとしたのである。

どちらかといえば凡庸《ぼんよう》な竹千代と、聡明な国松、それまでのルールなら、国松が惣領になるところであったが、天下泰平のため、家督争いをなくすために、長幼の順をルールにするようにしたのである。

第三章　人は善悪の友による

――生活規範の徹底と品格の形成

1　日常生活の心得

教科書にもなった家訓

「武将としていかに生きるべきか」「どのように品格を磨いたらよいか」は武将たちが常に気にかけていたことがらである。

そうした課題に関して、武将たちのよりどころとなった家訓の一つが「今川了俊《いまがわりょうしゅん》同名仲秋《なかあき》へ制詞《せいし》条々」(『今川記』所収)である。もっとも、今川了俊は戦国武将ではなく、南北朝時代の武将なので、あらかじめ少し解説を加えておきたい。

ふつう、家訓《かくん》は、それを書いた人の子、孫、さらには家臣あたりが読み手で、いわば身内の者が読者ということになる。ところが、書かれた当座は身内の者を対象にしていながら、いつしか家を超えて、多くの人に読まれるようになったものもある。これから紹介する「今川了俊同名仲秋へ制詞条々」も、その表題の通り、今川了俊が、弟で養子にも迎えた仲秋を戒めた家訓であったが、世に「今川状」として広まり、江戸時代には寺子屋の教科書にもなっている。

今川了俊というのは出家してからの名前で、名乗りは貞世《さだよ》といった。南北朝内乱期、足利尊氏《あしかがたかうじ》に従って軍功をあげ、駿河《するが》・遠江《とおとうみ》二ヵ国の守護となった今川範国《のりくに》の二男である。駿河・遠江守護は長男範氏《のりうじ》がついだが、了俊は父の後を受けて幕府の引付頭人《ひきつけとうにん》・侍所《さむらいどころ》頭人といった要職についた。応安《おうあん》三年（一三七〇）からは九州探題として、二十五年もの長きにわたり九州にあって、敵対勢力の一掃に貢献した武将である。

了俊の家訓は「制詞条々」とあるように、養子に迎えた仲秋の生活態度に対する注意書きといった内容で、全文二十三ヵ条からなる。全文漢文なので読み下しにして引用するが、冒頭の一条目は「一、文道を知らざれば、武道終に勝利を得ざる事」とあるように、他の条文も短い。

そして注目されるのは、二十三ヵ条を挙げたあとに、「右、此《この》条々常に心に懸けらるべし」とあるのに続けて、つぎのように記している点である。武将たちの生活規範を比較的短い文章で実にうまく表現しており、寺子屋の教科書になったというのも納得がいく。その主要部分をつぎに引用しておこう。

弓馬合戦嗜《たしな》む事、武士の道めづらしからず候間、専一に執行せらるべき事の第一也。先づ国を守るべきの事、学文なくして政道成《なる》べからず。四書五経其外《そのほか》の軍書にも顕然也。しからば、幼少の時よりも道のたゞしき輩《ともがら》に相伴ひ、かりそめにも悪《あ》しき友に随順すべからず。水は方円の器に随《したが》ひ、人は善悪の友によるといふ事実なる哉《かな》。爰《ここ》を以《もっ》て国を治《おさめ》る守護は賢人を愛し、民を貪《むさぼ》る国司は佞人《ねいじん》を好むよし申し伝ふる也。君の愛し給ふ輩を見て、其心をうかゞひしれといふ事也。古語にも其人を知らざれば、其友を見よといへり、されば己にまさる友を好み、己にをとる友をこのまざれ（後略）。

ここに引用した部分で印象深いフレーズは「人は善悪の友による」である。つまり、付き合う友人によって、人の善悪は決まってしまうというのである。了俊が一番強調したかったのもこの点だったのではないかと思われる。

了俊は、人との関係を特に重くみていたようで、「我心の善悪をしり給ふべきには、貴賤群集して来る時はよきと思ふべき。招《まね》くとも諸人うとみ、出入のともがらなきときは、己が心の行たゞしからざる事をしるべし」という言葉もみえる。人がたくさん尋ねてこなくなった場合には、本人に何らかの原因があることを示唆するもので、このあたりは、今日的意味あいも含まれていて興味深い。

この家訓は、全体として、文武の修業を勧め、己の利欲を排し、しかも、公正を尊ぶ生き方を主張しており、教育的意味あいもあった。書かれた年次については、『今川記』所収本（『続群書類従《ぐんしょるいじゅう》』）が応永《おうえい》十九年（一四一二）としているが、江戸時代の流布《るふ》本の奥書では永享《えいきょう》元年（一四二九）としているものもあり、どちらとも判断がつかない。

上を敬い、下を憐れむべし

この「人は善悪の友による」と同じことを、実は北条早雲《ほうじょうそううん》（伊勢宗瑞《いせそうずい》）もいっている。「早雲寺殿廿一箇条」（小澤富夫《おざわとみお》編『武家家訓・遺訓集成』、『中世法制史料集』第三巻　武家家法Ⅰ）の第十七条に、

一、能友《よきとも》を求めば、手習学文の友也。悪敷友《あしきとも》を除《のぞく》べきは、碁《ご》・将棋《しょうぎ》・尺八《しゃくはち》の友也。

是知《これしら》ずとも恥にならず。習ひても悪敷事にもあらず。只いたづらに光陰をばをくらんよりはとなり。人の善悪皆友によるべしといふ事なり。三人有時はかならず我師有とは、其能者をゑらんで、是に随ふ。其よからざるをば、是を改むべし。（第十七条）

とある。「人の善悪皆友によるべし」は、今川了俊と全く同じである。

「早雲寺殿廿一箇条」は、家臣たちに日常生活の規範を示した内容となっていて、戦国時代の武士たちが、武士勤めをしていくにあたって、どのようなルールを守らなければならないかを丁寧に、わかりやすく教え諭しているのが特徴である。その中からいくつかピックアップしておこう。まず、第五条はつぎのような文章になっている。

一、拝ミをする事、身のおこなひ也。只こゝろを直《すぐ》にやハらかに持《もち》、正直・憲法にして、上たるをハ敬ひ、下たるをハあハれミ、あるをハあるとし、なきをハなきとし、ありのまゝなる心持、仏意冥慮にもかなふと見えたり。たとひいのらすとも、此《この》心持あらハ、神明の加護有レ之へし。いのるとも心まからハ、天道にはなされ申

さんとつゝしむへし。（第五条）

「こゝろを直にやハらかに持」というのは、「まっすぐな心で、しかも柔軟に」といったところであろう。「正直・憲法にして」は少しわかりにくいかもしれない。憲法は、もちろんいまの憲法の意味ではなく、そのころの意味あいとしては、公正とか正義の意味である。したがって、「正直・憲法にして」は、「正直な気持ちで、正義感をもって」ということになるのではないかと思われる。

注目されるのは、さらにその先の「上たるをハ敬ひ、下たるをハあハれミ」とある部分である。当時の武将たちがどれだけ百姓憐愍《れんびん》の意識をもっていたか、その全体像はわからないが、この早雲の考え方は、当時としてはやや異色ではないかと思われる。

早雲は、建仁寺および大徳寺という京都の禅寺で修行していたことがあるので、禅の心をもっていたことが明らかである。その早雲だからいえた言葉といっていいかもしれない。

部下や領民に嘘はつくな

ところで、ここに出てくる「あるをハあるとし、なきをハなきとし、ありのまゝなる心持」というくだりは解釈がむずかしいところである。今日的ないい方をすれば、「無理をしないで、自然体で」ということではないかと思われる。身の丈《たけ》にあった生き方、あまり無理をしないことが心身の平安を守り、ストレスをためないことを、早雲は禅寺で修得していたのである。

そのことに関連して、つぎの第十四条も、いかにも早雲らしい言葉である。

一、上下万民に対し、一言半句にても虚言《そらごと》を申《もうす》へからす。かりそめにも有のまゝたるへし。そらこと言つくれハくせになりて、せゝらるゝ也。人に頓而《やがて》みかきらるへし。人に糺《ただ》され申てハ、一期《いちご》の恥と心得へきなり。（第十四条）

「虚言」は嘘のことだから、「領民に嘘をついてはならない」といっていたことがわかる。また、ここにも「有のまゝ」という言葉が出てくるが、隠しごとを嫌った早雲の生き様が浮かんでくるようである。

早雲というと、斎藤道三《さいとうどうさん》・松永久秀《まつながひさひで》とともに「戦国三梟雄《きょうゆう》」に数えられ、悪辣《あくらつ》な手段でのしあがっていった武将とのイメージが強いが、奇襲・謀略など悪辣な手を使ったのは合戦のときだけで、領国《りょうごく》経営にあたっては実に誠実な態度で臨んでいたことが知られている。

「嘘をつくな」ということは、他の戦国武将の家訓にもみえる。たとえば、「古典厩《こてんきゅう》より子息長老江異見九十九箇条之事」で、武田信繁《たけだのぶしげ》も「毎遍《まいへん》虚言すべからざる事」といっている。嘘をつけば、部下や領民の信頼を失うことを知っていたのである。

猛将・加藤清正の家訓

日常生活の心得という点で武将たちが家訓で強調していることの一つに、武芸鍛錬《たんれん》があった。ここでは、武功派武将の代表格ともいえる加藤清正《かとうきよまさ》の家訓を取りあげたい。「清正家中へ被㆓申出㆒七ヶ条、大身小身によらず、侍共可㆓覚悟㆒条々」（『清正記』所収）である。この表現からもわかるように七ヵ条からなっている。

やや長文であるが、当時の武将たちの死生観もうかがえるので、全文、読み下しにして引用しておきたい。

一、奉公の道油断すべからず。朝辰《たつ》の刻起き候て、兵法をつかひ、食をくひ、弓を射、鉄炮を打ち、馬を乗るべく候。武士の嗜能《たしなみよき》ものには、別して加増を遣わすべき事。（第一条）

一、慰《なぐさみ》に出るべくと存じ候はば、鷹野・鹿狩・相撲、ケ様の儀にて、遊山《ゆさん》致すべき事。（第二条）

一、衣類の事木綿紬《つむぎ》の間たるべし。衣類に金銀をついやし、手前成らざる旨申す者、曲事《くせごと》たるべく候。不断の身を相応に武具を嗜《たしなみ》、人を扶持《ふち》すべし。軍用の時は金銀遣わすべき事。（第三条）

一、平生傍輩つき合、客一人亭主の外咄《はなし》申間敷《まじく》候。食は黒飯たるべし。但、武芸執行の時は、多人数出合うべき事。（第四条）

一、軍礼法侍の存ずべき事。入らざる事美麗を好む者曲事たるべき事。（第五条）

一、乱舞方一円停止《ちょうじ》たり。太刀を取れば人を切らんと思ふ。然《しかる》上は万事は一心のおき所より生る物にて候間、武芸の外、乱舞稽古の輩切腹たるべき事。（第六条）

一、学文の事、情《（精）》を入れるべし。兵書を読み、忠孝の心懸専用たるべし。詩・連句・

歌をよむ事停止たり。心にきやしや風流なりてよわき事を存じ候へば、いかにも女のやうに成るものにて候。武士の家に生れてよりは、太刀・刀を取て死《しぬ》る道本意也。常々武士道吟味せざれば、いさぎよき死は仕にくきものにて候間、能々心を武士にきざむ事肝要に候事。（第七条）

右の条々、昼夜相守るべし。若《も》し右のケ条勤め難きと存ずる輩之有らば、暇を申すべし。速やかに吟味を遂げ、男道成らざる者の験《しるし》を付け、追放すべき事。疑い有るべからず。依って件《くだん》の如《ごと》し。

加藤主計頭《かずえのかみ》清正在判

侍中

徹底した武芸の奨励

清正は、最後のところで「男道」という言葉を使っているが、ふつういうところの武士道にあたる。武断的な加藤家の家風をうかがう上で格好《かっこう》の家訓である。興味深い内容なので、逐条《ちくじょう》解釈をしておきたい。

一条目の「朝辰の刻」は午前七時から九時のことをいうが、これは、当時の武士の日常からいっても遅すぎる。別本の「寅の刻《とら》」が正しいと思われる。「寅の刻」ならば午前四時ごろである。清正は起きてすぐ兵法を使うべきことをいっているが、この場合の兵法は剣術のことである。朝飯前に剣術の稽古をするのが加藤家の習慣だったことがわかる。

二条目で、余暇の使い方を規定している。実はこの条文と、一番最後の七条目とをセットでみていく必要がある。というのは、二条目で余暇も武道鍛錬につながるような鷹狩などを奨励しておきながら、七条目で詩、連歌《れんが》や和歌などはやらなくてよいとしているからである。ふつうの大名家では、文武両道といういい方をして、教養としての漢詩作りや、連歌会・和歌会などが開かれていたが、加藤家はちがっていたことがわかる。やらなくてよいという以上に、「停止」といっているあたりがいかにも武断的な加藤家らしい。

三条目・四条目・五条目はいずれも日常生活に関する項目で、共通するのは質素倹約の励行《れいこう》という点である。質実剛健をモットーとしていたことがうかがわれる。六条目で乱舞の禁止をうたっている。「乱舞などにうつつをぬかす時間があれば、武芸の稽古に励め」といったところであろう。

江戸時代の儒学者湯浅常山《ゆあさじょうざん》の著した『常山紀談』の中に、「上一人《かみいちにん》の心、下《しも》万民に通ず」という清正の言葉が載っている。トップの油断が組織全体の油断につながるというわけで、その厳しさがあったから、このような掟書も残せたのではなかろうか。

2　人を思いやる心をどう育むか

苦労人大名が残した家訓

家訓の中には、部下だけでなく、百姓・町人に至るまで思いやる必要性を説いているものもある。ここでは、武田信繁と藤堂高虎《とうどうたかとら》を例にみておきたい。

武田信繁の「古典廐より子息長老江異見九十九箇条之事」の第九条はつぎのような文章である。

一、諸人に対し、少しも緩怠《かんたい》すべからざる事。付《つけた》り。僧・童女・貧者に於て、弥《いよいよ》人に随いて慇懃《いんぎん》すべき事。礼記《らいき》に云《いわ》く。人、礼あるときんば安し。礼なきときんば危《あやう》し。（第九条）

「緩怠」は「なおざりにする」とか「礼を失する」の意味である。武士として支配者階級に属していると、どうしても被支配者を低く、軽くみてしまうことが多かったのであろう。その点を信繁は厳しく戒めている。注目されるのは、僧侶はともかくとして、社会的弱者である童女や貧者に対して、よりいっそう慇懃な態度で接するよう述べている点である。

藤堂高虎の「高山公御遺訓《こうざんこうごいくん》」もその一部をすでに66ページで引用したが、第百二十六条に、「人を大小によらず見下《みくだ》すべからず」という一文がある。

一、惣《すべ》て人をあなどるべからず。一寸の虫にも五分の魂有《あり》といふ。いかやうの知者をもしらず、ふかくを取事多し。第一、人を大小によらず見下すべからず。（第百二十六条）

「人を侮《あなど》ってはならない」といういい方は、戦国武将としてはきわめて珍しいのではないかと思われる。しかも、この時代に「一寸の虫にも五分の魂」という格言を使っているところもおもしろい。

戦国時代は、江戸時代のようながんじがらめの封建的な身分制度がまだ貫徹はしていないが、それでも身分の上下は厳格で、上の者は身分が下の者を見下すのがふつうだった。高虎はそうした風潮に抵抗を感じていたらしく、「人を見下すべからず」といいきっているのである。

これは、高虎が苦労人だったからこそいえた言葉だったのではないかと思われる。高虎は仕えていた浅井《あざい》家が滅亡し、はじめて禄にありつけたのは磯野員昌《いそのかずまさ》に仕えたときで、八十石といわれている。それが、途中、何度も浪人し、主人を変えながら、最終的には四千倍にあたる三十二万三千九百石、伊勢の津藩主となっているのである。その間には無銭飲食をしたなどというエピソードもある。

江戸時代の大名でも、苦労知らずでトントン拍子の出世をしていった者とはちがい、高虎のような苦労人だったからこそ、下の者を思いやる気持ちは人一倍強かったのかもしれない。

下を思いやる心

主君の思いやりの心を物語る話が逸話集の『備前《びぜん》老人物語』に載っている。読みやすいように、会話部分に「　」をつけて引用する。池田三左衛門《いけださんざえもん》が池田輝政《てるまさ》、伊木清兵衛《いぎきよべえ》がその家臣である。


池田三左衛門殿の家老伊木清兵衛、病みて、臥《ふ》して既に末期に臨みしに、

「われ今生の望あるなり。いま一度、君のお目にかかりたきなり」

とありければ、三左衛門殿きこしめし驚き給い、いそぎ其の家にいたり、枕に近づき給い、

「いかに清兵衛、心はなにとあるぞ。かほどの事ともしらざりしこそ疎《おろそか》なりけれ、おもう事あらばいい置くべし。その望にしたがうべし。もとより跡目相違あるまじきことは言うに及ばず」

いとねんごろに仰せられけり。其のとき清兵衛、頭をあげ、両手を合わせ、

「これ迄の入御《にゅうぎょ》ありがたく冥加至極せり。遺跡のことは愚息が覚悟次第に仰せ付けらるべし。とにもかくにも御はからいによる事なれば、いささかも心にかかること候はず。ただ一つ申したきこと候えば、これを申さずしてむなしくなりなんこと、妄執なるべければ、恐れながら申すなり。公つねに物ごとにほり出しをこのませ給う御病

あり、中にも士のほり出しを専らとし給うこと、よからぬ御病なり。士はその分限よりは一際よろしくあてがわせ給いてこそ、長く御家を去らず、忠節を存すべし」と申しければ、三左衛門殿つくづくと聞き給い、

「只今の諫言《かんげん》道理至極せり。其の志、山よりも高く海よりも深し。生前においで亡却すべからず、こころやすくおもうべし」

とて、清兵衛が手をとり、なみだを流し、なごり惜しげにわかれ給いたりけり。君臣の情あわれなりしありさま、そののち家風ますますよくなりしとぞ。

「士のほり出し」は、能力ある侍を、能力に見あった待遇ではなく、低い禄で使っていることをさす。伊木清兵衛は、「それはよくないこと」と指摘している。

池田輝政は関ヶ原合戦の論功行賞で播磨《はりま》姫路城五十二万石の主となった大名である。その輝政が家臣の臨終の床を見舞っているのも驚きだが、家臣伊木清兵衛の諫言を聞いていたというのも、当時の主従関係のあり方からみて意外に思われるかもしれない。

戦国時代は、のちの江戸時代ほどの君臣の隔たりはなかったのである。それだけに、上に立つ者も、下の者を思いやる心があったものと思われる。

3　若いうちにいい仕事を

「人間の一生は、若きに極る」

戦国武将の家訓を読み進めていくと、全くちがう武将が同じようなことをいっていることに気がつく。その一つが、「若いうちにいい仕事を」である。

越前の戦国大名朝倉《あさくら》氏の一族部将である朝倉宗滴《そうてき》の「朝倉宗滴話記」につぎのような一文がある。

一、侍は仁不肖《じんふしょう》によらず、まず若年の時、器用の名執《なとり》をする事、弓矢の冥加《みょうが》果報の第一也。其故は、若時《わかきとき》無器用なる名執仕《つかまつり》たる仁は、成人候て、器用者に成候は稀《まれ》に候。又若年之時器用成仁は、成人候て、たとひ無器用の様子に候へども、暫《しばらく》は其沙汰《さた》聞かざる物に候間、嗜《たしなみ》肝要候事。

ここで宗滴がいっているのは、武士は、「仁不肖によらず」、つまり賢《かしこ》かろうが、愚かだろうが、若い時に「器用だ」という評判をとることが大事だという点である。当時、盛んに器用とか器量といった言葉が使われているが、現在でいえば有能といった意味あいであろう。

要するに、武士は若いころ、まわりから「あいつは有能だ」とみられることが肝心だといっているのである。

その理由がおもしろい。若年で無能だという評判をとってしまった者が、のちに有能と評価されることは滅多にないのに対し、若年で有能の評判をとった者は、成人してから、たとえ無能とみられることがあっても、当分はそういわれることがないというのである。もしかしたら、宗滴自身、そうした家臣たちを実際に目にしていたのかもしれない。

これと同じようなことをいっているのが鍋島直茂《なべしまなおしげ》である。「直茂様御教訓ヶ条覚書」の第十九条に、

一、人間の一生は、若きに極る。一座の人にもあかれ候はぬ様に。（第十九条）

とある。若いうちにいい仕事をして頭角《とうかく》をあらわすことが必要というわけであるが、「一

座の人にもあかれ候はぬ様に」と釘をさしているところがおもしろい。これは、「同僚たちから愛想をつかされないように」との意味と思われる。

がむしゃらに目立とうとして、仲間から浮いてしまってはだめだと指摘しているわけだが、このあたりの加減はむずかしい。そのようなことを意識してか、鍋島直茂は同じ「直茂様御教訓ヶ条覚書」の第三十三条でつぎのようにいっている。

一、身上の届は、のぼり橋上る様に。（第三十三条）

この部分、異本では「のぼり階《きざはし》」となっていて、意味としてはその方が通る。もしかしたら、「のぼり橋」で梯子《はしご》のことをいっていたのかもしれない。つまり、立身出世は、一段一段、ゆっくり梯子段をのぼるようにするのがよいとする。若いときにいい働きをしてまわりから注目されることも必要だが、それだけでは組織の中でうまくやっていけないこともそれとなく示唆していたことがうかがわれる。

では、朝倉宗滴がいう「若年の時」、鍋島直茂がいう「若き」とは何歳くらいまでをいうのだろうか。

戦国武将たちのライフサイクルをみると、十五歳くらいで元服《げんぷく》し、十七歳くらいで初陣《ういじん》を果たし、二十二歳くらいで家督をつぐというケースが多い。そうなると、十七歳から二十二歳くらいが「若年の時」に該当するのかもしれない。

当然のことながら、若いときは体力もあるし、気力もある。戦い方もちがってくるわけである。その点、武田信玄が興味深いいい方をしている。『甲陽軍鑑《こうようぐんかん》』に載っている信玄の名言の一つに、つぎのような言葉がある。

一、信玄公おほせらるゝハ、ゆミやの儀、とりやうの事、四十歳より内ハかつやうに、四十歳より後ハまけぬやうにとある儀なり。但、廿歳の内外にても、我より小身なるてきにハ、まけぬやうにしてかちすごすべからず。大敵にハなおもつて右之通也。をしつめてよくしあん・くふうをもつて、位づめに仕り、心ながくありて、後道のかちを肝要に可ㇾ仕、との儀也。

ここで信玄がいわんとしている点は二つある。

一つは、「四十歳までは勝つように心がけ、四十歳からは負けないように心がけるべき」という点である。「人間五十年」などといわれた時代の四十歳は、いまでいえば六十歳くらいに該当するのではないかと思われるが、要は、「老境に入ったら、勝つことよりも、むしろ負けないようにしろ」ということであろう。攻めと同様に守りの大切さを熟知していた信玄だからこそ、このような言葉が残せたのではなかろうか。

もう一点は、「後道のかちを肝要に」という部分である。この部分、異本では「後途《ごと》の勝《かち》」という字を使っている。「後道」も「後途」も意味としては同じで、合戦に勝利したあと、手に入れた土地をうまく治めることができたかどうかをいっている。

つまり、うまく治めることができれば「後道の勝」であり、うまく治められなければ「後道の負」ということになる。これは、合戦そのものの勝敗ではなく、その後の領国支配を含めた、いわば政治力の問題である。信玄は、戦いを、単に合戦の場だけに限定していなかったことを物語るものとして興味深い。

4　兵書を学ぶことの大切さ

武将たちが読んだ兵書

94ページにも引用した加藤清正の家訓「清正家中へ被二申出一七ヶ条、大身小身によらず、侍共可二覚悟一条々」の第七条に、「学文の事、情を入れるべし。兵書を読み、忠孝の心懸専用たるべし」とあったのを思いおこしていただきたい。当時は、今日いう学問を「学文」と表記しているが、清正は、詩や和歌・連歌に親しむのを学問とはとらえず、兵書を読むことが学問だと考えていた。

さて、その兵書であるが、このころ、戦国武将たちが学んだ兵書はすべて中国伝来のものであった。「武経七書《ぶけいしちしょ》」の名で知られている。その七つとは、『孫子《そんし》』『呉子《ごし》』『尉繚子《うつりょうし》』『司馬法』『三略《さんりゃく》』『六韜《りくとう》』『李衛公問対《りえいこうもんたい》』である。中でも『孫子』はよく読まれ、「彼を知り己を知らば百戦殆《あや》うからず」というフレーズは、情報蒐集《しゅうしゅう》の大切さを示したものとしてよく知られている。

七書すべてが中国伝来の典籍だったことからもうかがわれるように、全文漢文で書かれていた。当時、漢文を得意としていたのは、「五山文学」で鍛えられていた禅僧たちだった。禅僧たちの中から戦国武将の軍師になっていった者が多かったのは、そうした理由があったのである。

若き日の北条早雲（伊勢宗瑞）が京都の大徳寺で修行していたことはすでに述べた。同じころ、大徳寺の住持《じゅうじ》だった一休宗純《いっきゅうそうじゅん》が著した『狂雲集』という漢詩文集に「会裡《えり》の僧に武具を与う」と題する二偈《げ》があり、そこに、「逆行の沙門《しゃもん》三尺の剣、禅録を看《み》ずして軍書を読む」とみえる。禅宗の僧侶たちが、本来学ぶべきはずの禅の本を読まず、軍書、すなわち兵書を読んでいた様子がうかがえる。実際、伊勢宗瑞は、そのころ読んだ兵書の知識を駆使して、伊豆《いず》・相模《さがみ》二国の戦国大名になっていくのである。

駿河の戦国大名今川義元《よしもと》の軍師であり、松平竹千代《まつだいらたけちよ》（のちの徳川家康《とくがわいえやす》）を養育した太原《たいげん》崇孚《そうふ》、すなわち雪斎《せっさい》も、京都の禅寺、建仁寺および妙心寺で修行しており、兵書をマスターしていたものと思われる。

家康が雪斎から兵書の講義を受けていたことは、『武辺咄聞書《ぶへんばなしききがき》』に、「此君（家康）幼少より臨済寺の雪斎にたより、兵書を読習給ふ」とあることからも明らかである。後年、家康は自分が勉強した兵書を多くの人に読ませたいとの思いから、「武経七書」のうちから『六韜』

と『三略』を選び、出版しているほどである。

「武経七書」の教え

ところで、「武経七書」は兵書なので、どうしたら戦いに勝てるかといった戦略・戦術についての教科書との印象があるが、実は、人間としていかに生きるべきか、とりわけ、上に立つ者はどのような心構えをもつべきかといったリーダーとしてのあり方にも言及している。

いくつか具体例をあげておこう。引用はすべて読み下しである。

『三略』に、「身を楽しむる者は、久しからずして亡ぶ」とある。部下や一般庶民のことを心にかけず、自分だけが享楽にふけると身を滅ぼすといった意味である。

『六韜』には、「天下は一人の天下にあらず、すなわち天下の天下なり」という言葉がある。これと同じことを徳川家康も口にしているので、家康の言葉として受けとめていた人もいるかもしれない。家康はこの言葉が気に入り、自分の言葉のようにまわりにいっていたのであろう。

『司馬法』には、「国大なりといへども、戦いを好めば必ず亡ぶ」という言葉もある。これなどは、一見、兵書の言葉とは思えない。

もちろん、兵書らしいフレーズもある。『呉子』の「兵を用いるの害は、猶予、最大なり」などはその好例である。「兵を動かすときの最大の害悪は猶予である」といった意味と思われる。「決断が鈍《にぶ》く、優柔不断だと負ける」というわけで、リーダーの決断力の大切さをいっている。

こうした、武将として生きていく上で必須の知恵が詰まっている兵書なので、加藤清正のように、文学作品は勉強しなくていいから兵書を読むように諭していた武将は少なくない。「早雲寺殿廿一箇条」の第十二条に、

一、少の隙あらば、物の本を見、文字のある物を懐に入、常に人目を忍び見べし。寝ても覚《さ》めても手馴ざれば、文字忘るゝなり。書《かく》こと又同事。（第十二条）

とある。「物の本」は、この場合も、本一般というよりは、兵書のようなものをいっていたように思われる。

武将たちが親しんだ「耳学問」

本を読むことも大切だが、いまでも「耳学問」といわれるように、人の話を聞いて勉強することも大切である。

戦国武将は、先輩武将からの武勇譚《ぶゆうたん》を聞いて、実際の戦いぶりを教わっていた。この武勇譚が序章でもふれた「武辺咄」である。「武辺話」「武偏咄」といろいろに書かれるが、要は、先輩武将の武勇譚ということになる。

老練な侍たちの体験談を若い後輩武将たちが聞き、実際に実戦に臨む心がけや戦いのしかたを学んだりしていたのである。わかりやすくいえば、合戦を経験した先輩が、後輩に実戦のノウハウをレクチャーしたもの、それが「武辺咄」だった。

家康の家臣大久保彦左衛門忠教《おおくぼひこざえもんただたか》が著した『三河物語』は、いってみれば「武辺咄」を文字にして残したようなものである。大久保忠教は、家康が天下を取って世の中が安定するにつれ、徳川創業期の功臣であるはずの大久保一族がやや冷遇されている様子に我慢がならず、その悲憤《ひふん》・慷慨《こうがい》を文字に残したという側面もあった。

大久保忠教のように文字にして残したというのはどちらかというと例外で、ふつう、文字には残さず、聞かれれば話したろうし、あるいは酒の席などでも盛んに話されたであろう。戦国大名の立場からも、「尚武《しょうぶ》」（武事をたっとぶこと）につながるという意識から、家中における「武辺咄」は奨励されていたようである。

小便を漏らしてでも学べ

「武辺咄」については、十七世紀末に成立した『武功雑記』におもしろいエピソードがみえる。

この種のエピソードの常として、はっきりした年月日などはわかっていないが、伊達政《だてまさ》宗《むね》の家中における話として伝えられている。『武功雑記』によると、伊達家中では「武辺咄」が奨励され、しばしば「武辺咄」を聞く会が催されていたという。特に曽根内匠《そねたくみ》という侍の話は具体的で、はなはだ教訓に満ちたものだったという。

ところで、この曽根内匠という侍であるが、『武功雑記』はその名乗りを書いていない。しかしこの人物は、内匠助《たくみのすけ》を称している曽根昌世《まさただ》のことと思われる。曽根昌世は、武田信玄の家臣で、武田氏滅亡後、徳川家康に仕え、その後、蒲生氏郷《がもううじさと》に仕えたたまでは履歴がはっきりしている。氏郷の死後、伊達政宗に仕えるようになったものと思われる。川中島《かわなかじま》の戦いや、小牧《こまき》・長久手《ながくて》の戦いにも出陣しており、実戦経験が豊富な武将である。

政宗も、その評判を聞いて、わが子忠宗《ただむね》に曽根内匠の「武辺咄」を聞くよう勧め、まだ幼かった忠宗も聞きにいっている。ところが、しばらくして、その忠宗が、曽根内匠の「武辺咄」の最中に、席をはずすといううわさが政宗の耳に入ってきた。政宗は、忠宗をよびだし、その理由を聞くと、「小用に行っていました」との答えであった。それを聞いた政宗は怒り、『武功雑記』の表現をそのまま借りると、

扨々《さてさて》武士など丶申すものは武偏咄を聞きか丶り候ては、居尿《いばり》をたれ候も覚へぬものにて、ぜひ小用仕度く候はゞ、其のま丶居尿をしてなりとも聞くものにて候

と忠宗に申し渡したといわれている。つまり、「垂れ小便をしても武辺咄は聞け」というわけである。

戦いの経験、そして、その継承がいかに重視されていたかをうかがう上で興味深いエピソードであるが、それだけ老人たちの経験が大事にされていたことがわかる。「若いころ働いてご苦労さん」といった程度の敬老意識ではなく、老人の体験とそこから得た知恵が、戦国大名家の発展にとって、それなりの社会的意義をもっていたのである。

老将の経験は立派な財産だったわけで、そうした経験を学びとり、知識を蓄積していくことによって、組織は発展していったのである。

第四章 犬・畜生といわれてでも勝て

——武将たちの合戦哲学

1　死と隣りあわせの時代

「小歌」が伝える死生観

古文書調査で、戦国大名の御子孫、さらには家臣だった武将たちの末裔《まつえい》のお宅にうかがい、古文書をみせてもらうことがあるが、古文書とともに、その家に伝わる系図もみせてもらっている。系図そのものは信憑性《しんぴょう》がそう高いものではなく、特に、源氏・平氏・藤原氏・橘《たちばな》氏といったいわゆる「源平藤橘《げんぺいとうきつ》」の天下の四姓につなげる最初の部分はほとんどあてにならないが、意外と戦国のころについては、古文書と合致する部分もあり、参考になる。

系図を拝見していつも思うのは、「戦国時代というのは、本当に大変な時代だったんだな」という率直な気持ちである。五代にわたって戦死という例もあり、四人兄弟で、三人まで戦死し、一人生き残ってかろうじて家をつないだなどという例も少なくない。戦国時代はまさに死と隣りあわせの時代であった。

では、当時の武将たちの死生観はどのようなものだったのだろうか。永正《えいしょう》十五年(一五一八)成立という『閑吟集《かんぎんしゅう》』に、

憂《う》きもひととき、うれしきも
思い醒《さ》ませば、夢候《そろ》よ

という歌が収められている。

ここに引用したように、七・五・七・五の句で、和歌ともちがい、もちろん俳句ともちがうもので、この種の歌を小歌《こうた》とよんでいる。とりわけ室町時代にはやった小歌は、室町小歌とよばれている。その室町小歌を集めたのが『閑吟集』で、当時の一般庶民のありのままの心情が詠みこまれていることでも知られている。ここに引用した歌からは、「人間の一生なんて夢みたいなものだ」といった当時の人びとの思いが伝わってくる。

同じく『閑吟集』に、

世間《よのなか》は霰《あられ》よなう、笹の葉の上《え》の
さらさらさつと、降るよなう

という小歌がある。そのほかよく知られているものに、

何せうぞ、くすんで
一期《いちご》は夢よ、ただ狂へ

などがある。これらの小歌からもわかるように、室町・戦国時代の庶民は、人の一生は短いものという一種の虚無感のような思いを抱いていたことがうかがわれる。こうした虚無感が諦観《ていかん》となって、「人間の一生など夢幻のようなものだ」という観念がこの時代の人びとの意識となっていたのである。

人の一生は、雷か朝露のように短い

そうした庶民の「夢幻」観、無常観を逆手にとって布教活動に励んだのが当時の仏教者であった。たとえば、浄土真宗（一向宗）中興の祖とされる蓮如《れんにょ》は、御文《おふみ》といって、教えをわかりやすい手紙にして地方の末寺に送り、そこの住持《じゅうじ》が蓮如の御文を読んで聞かせることによって多くの信者を獲得していったことで知られている。

その蓮如の御文の中に、蓮如の人生観というか死生観をうかがわせるものが何点かある。たとえば、つぎに掲げる文明《ぶんめい》五年（一四七三）九月の御文などは、蓮如が、『閑吟集』の歌でみてきた庶民レベルにおける「夢幻」観と共通する考え方をもっていたことを端的に示していると思われる。

この御文はかなり長文なので、前半部分だけ引用しておきたい。

ソレ、オモンミレバ、人間ハタヾ電光朝露ノ夢マボロシノアヒダノタノシミゾカシ。タトヒマタ、栄華栄耀ニフケリテ、オモフサマノコトナリトイフトモ、ソレハタダ五十年乃至百年ノウチノコトナリ。モシタヾ今モ無常ノ風キタリテ誘ヒナバ、イカナル病苦ニアヒテカムナシクナリナンヤ。マコトニ死セントキハ、カネテタノミヲキツル妻子モ財宝モ、ワガ身ニハヒトツモアヒソフコトアルベカラズ。サレバ死出ノ山路ノ末、三途《さんず》ノ大河ヲバ、タヾヒトリコソ行キナンズレ。コレニヨリテタヾフカク願フベキハ後生《ごしょう》ナリ。マタタノムベキハ弥陀如来ナリ。信心決定シテ、マイルベキハ安養ノ浄土ナリトオモフベキナリ（後略）。

「人間ハタヾ電光朝露ノ夢マボロシノアヒダノタノシミゾカシ」というところに、蓮如の「夢幻」観がよく出ている。電光すなわち雷も、朝の露もすぐに消えることのたとえとして使われている。しかも、この御文では、人の一生は夢幻のようなものなので、死後の世界、すなわち「後生」を願うことの方が大切であることを述べ、仏教者としての論理展開をしていることが読みとれる。

「殊更危きは武士の身命」

また、その時代の武将たちも同じような「夢幻」観をもっていたことが知られている。たとえば、『大内義隆記《おおうちよしたかき》』に、大内義隆の言葉として、「此《こ》の世は夢幻の間にて、来世の事は、億万劫《まんごう》ともなき事にて候也」というものがある。また、織田信長《おだのぶなが》が愛誦《あいしょう》したことでも有名な、謡曲「敦盛《あつもり》」の「人間五十年、下天《げてん》の中を較《くら》ぶれば、夢幻の如くなり、ひとたび生《しょう》を受け、滅《めっ》せぬもののあるべきか」という一節も、同じ「夢幻」観をあらわしている。

そこで、もう少し、戦国の武将たちの死生観を追ってみたい。

江戸時代中期の軍学者として知られる大道寺友山《だいどうじゆうざん》は、『落穂集《おちぼしゅう》』（『江戸史料叢書』）などの著作を残しているが、その中で戦国時代を生きた武将たちの心情について興味深い指摘をしている。たとえば、『落穂集』巻之五「武士勝手噂の事」のところには、

家中諸士の義（儀）も、我人共に、先、今日の義（儀）は身命恙《つつが》なしといへ共《ども》、只《ただ》、明日にも戦場に於《おい》て討死を遂べきも難《はかり》レ斗《がたし》と世間をはかなく存《ぞんず》る。

とある。

また、同じく友山の『武道初心集』の冒頭にも、「武士たらむものは、正月元日の朝、雑煮《ぞうに》の餅《もち》を祝ふとて、箸を取初るより、其年の大晦日《おおみそか》の夕べに至るまで、日々夜々、死を常に心にあつるを以て、本意の第一と仕り候」とあり、さらに、「総じて人間の命をば、夕部の露、あしたの霜《しも》になぞらへ、随分はかなき物に致し置候中にも、殊更《ことさら》危きは武士の

身命にて候」とみえる。

「人の一生ははかないものだ」という一般の考え方の上に、武将たちはいつ戦場で討ち死にするかしれないという危険が加味され、「殊更危きは武士の身命」とまでいいきっているのである。

戦国大名今川氏親《いまがわうじちか》の保護を受けていた連歌師宗長《そうちょう》も『宗長手記』の中で、「戦場にして討死する事、侍の常のことなり」としている。戦国時代とは、まさに死が隣りあわせの時代だったといえよう。

2 命を惜しまず戦え

「主滅ぶればともに亡ぶ」

こうした死生観のある中、武将たちは、死に対してどのように臨《のぞ》み、いかなる家訓《かくん》を残していたのだろうか。

そこでまず注目したいのが「本多忠勝公《ほんだただかつ》御遺書」である。すでに74ページに引用しているが、その中に、「主君と枕を並《ならべ》て討死をとげ、忠節を守るを指て侍と申也」という一文がある。

要するに、戦いのとき、もし負け戦になった場合、逃げたりせず、その場で主君と枕を並べて討ち死にするのが本当の侍だという意味である。こうした意識が武士道となっていくわけであるが、主君と枕を並べて討ち死にしていったという例は軍記物にいくつかみられる。

たとえば、『南海通記《なんかいつうき》』巻十四の「阿讃考《あさんこう》」に「土州元親讃州羽床《どしゅうもとちかさんしゅうはゆか》に出陣の記」という記述があり、長宗我部《ちょうそかべ》元親一万二千の大軍に攻められた讃岐《さぬき》の香西《こうざい》氏の陣代《じんだい》羽床伊豆《いずの》守《かみ》が千に足らない軍勢で防戦したときの模様が記されているが、そこに、

我が兵千に足らざるを以て出向ひ、合戦せんは、時に取つての面目なり。何《いず》れも皆な我が家の者どもは士卒下部に至るまで譜代相伝の者なれば、主盛んなればともに栄へ、主滅ぶればともに亡ぶ。死生存亡を諸ともにする者ども也。今度我が家の滅亡に向へり。何ぞ一命を愛《おし》みて恥を後世に遺さんや。

とみえる。「主滅ぶればともに亡ぶ。死生存亡を諸ともにする者ども也」というあたりに、そのころの武将たちの死生観があらわれているといってよい。

なお、こうした死生観が生まれてくる背景にはもう一つ、「戦いで負ければ、そこで討ち死にするのが武士だ」という意識があったことも指摘しておかなければならない。ただ「忠君」というだけではなかったのである。これは、恥を嫌うという意識とセットになっている。私はそれを「自決の論理」とよんでいるが、「自決の論理」がいわゆる「武者の習い」となっていた事実をみておかなければならない。

天文《てんぶん》二十年（一五五一）、周防《すおう》の戦国大名だった大内義隆は、家臣の陶晴賢《すえはるかた》の謀反《むほん》で山口を逐《お》われ、長門《ながと》の深川《ふかわ》というところの大寧寺《たいねいじ》まで逃れ、追いつめられてそこで自刃《じじん》することになった。そのとき、大寧寺の住持異雪慶殊《いせつけいじゅ》と問答をした模様が『大内義隆記』に出ており、その中で義隆はつぎのようにいっている。

弓矢を取り、戦場に入りて切りまけ候へば、自害に及び候事、侍の本用に候。夫《それ》は皆、此の世の迷ひの上のをきて（掟）、国のため、家の為と申す事は、輪廻《りんね》の業因《ごういん》と覚えて候。

つまり、戦いに負けたら自害するのが「武士の習い」というわけである。これは、負けて、おめおめと生き残るのを恥とする考えにつながってくるもので、「命を惜しむな」というういい方にもなる。

家康家臣、鳥居元忠の家訓

「命を惜しむな」とはっきりうたっている家訓が、鳥居元忠《とりいもとただ》の「鳥居元忠遺誡《いかい》」である。ここでは、小澤富夫《おざわとみお》編『武家家訓・遺訓集成』に収められている国立国会図書館所蔵「鈴林編纂」所収本を引用する。前半、鳥居家の歴史や元忠自身の戦功履歴などが書かれている部分は省略した。

（前略）人間の生死禍福《かふく》は時の運にあり、求め好むべきに非《あら》ず。老功の家士の言を尋ね、馴《なれ》心得たる者を用て、我意の若気を致されず、諫《いさめ》を入る事肝要なり。天下は幾程なくして、上様御手の中なるべし。左あらば必御取立を受て、大名にもならんと思ひて、御奉公する者も有なん。必この心出来たらば、武士道の冥理《みょうり》尽る端とぞ知べし。官禄を賜らん、大名に成らんと、欲心にひかれて貪《むさぼ》らんに、命の惜しからぬ事あるべき也《なり》。命が惜まれては、何の武功も成（ぬ）べき。武の家に生れて忠を心に掛ず、たゞ身上の富を思ふ者は、外に諂《へつら》ひ内に奸謀《かんぼう》を工《たく》み、義を捨恥を顧みず、後々末代武名を汚《けが》す。誠に口惜き事なり。是等《これら》の事申に及ざれども、元祖の名を二度世に挙らるべし。且《かつ》家の仕置等の事は、兼て申談ずる間、今更申に不レ及。累年来、定る所見も聞もせられたり。第一行跡を嗜《たしな》み礼儀を正し、主従能《よく》和し、下に憐愍《れんびん》を加へ、賞罰の軽重を糺《ただ》して、親疎の依怙《えこ》あるべからず。人の人たる道実を以《もって》本とす。この外に申置事無レ之候。

鳥居元忠は、徳川家康《とくがわいえやす》がまだ松平竹千代《まつだいらたけちよ》の名で、駿府《すんぷ》の今川義元《よしもと》の「人質」になっていたときから仕えている。元忠の方が三歳年上であるが、ほぼ同時代ということで、駿府時代から苦楽を共にした仲であった。その元忠の最後の仕事となったのが、慶長《けいちょう》五年（一六〇〇）の伏見《ふしみ》城籠城戦であった。

この戦いは、家康が会津《あいづ》の上杉《うえすぎ》攻めに向かったとき、伏見城に鳥居元忠らわずかの兵を残したが、そこに石田三成《いしだみつなり》ら西軍が攻撃を加えたものである。これは、いってみれば家康の囮《おとり》作戦で、自分が畿内を留守にすれば、三成が挙兵するであろうことを計算し、あえて伏見城にはわずかの兵しか残しておかなかったのである。戦いの直前、元忠が子の忠政《ただまさ》に与えたのがこの遺誡であった。

犬のような忠誠心

直前に遺誡が書かれたと推測されるのは、ここで引用しなかった冒頭部分に、「今度上方蜂起して、凶徒一味の大小名数多《あまた》、石田が奸謀に陥りて、先当城を攻落さんと、近日大軍馳向べき支度其聞へあり。我等におゐては城を踏へ、速《すみやか》に討死すべき覚悟なり」とあるからである。ここに「当城」とあるのが伏見城であることはいうまでもない。

このとき、城を守ったのは元忠らわずか千八百だったという。しかし、さすが秀吉《ひでよし》が威信をかけて築いた城だけあって、西軍の猛攻にもかかわらず、簡単には落ちない。七月十九日から西軍四万が攻めても籠城戦が続けられ、結局、七月二十九日には三成自身も伏見城攻めに加わり、八月一日、本丸を守っていた元忠、三の丸を守っていた松平家忠《いえただ》らも討ち死にして城は落ちている。「鳥居元忠遺誡」は文字通り、元忠の遺書となったのである。

元忠が子忠政に伝えようとした内容は多岐にわたっているが、一つは、「老功の家士の言を尋ねよ」という点である。えてして、家督《かとく》をついだ場合、父の老臣だった者を煙たく思い、遠ざけてしまう傾向がある。武田勝頼《たけだかつより》が失敗したのはまさにこの点で、元忠はそのようにして失敗していった武将を何人もみていたのであろう。きちんと注意している。

もう一つ注目されるのは、「欲心をおこしてはならない」といっている点である。これと「命を惜しんではならない」がセットになっているところが興味深い。

なお、この遺誡に、「武士道の冥理」とか「武名を汚す」といった表現がみえるところも注目されるところで、「犬のような忠誠心」などといわれる三河武士の生き方を代弁しているようにも思われる。

毛利家に伝わる軍法五ヵ条

ところで戦国大名は、家訓というわけではないが、それに準ずるものとして軍律を定めた軍法書を残している。そこにも、「主君と枕を並べて討ち死にするのが本当の侍」といったニュアンスを含めた記述がある。

どうしても軍勢が多くなると軍律がゆるむ傾向がある。また、手柄《てがら》をたてたいがためにいわゆる「抜け駆けの功名」に走る者も出てくる。大名としては、合戦に勝つため、組織的な軍事行動をする必要から、軍律を定めた軍法書とか軍法掟などといわれる文書を残している。家訓とは異なるが、武将たちの合戦哲学をうかがえる格好の史料なので、引用してみていきたい。

ここでは、天文二十二年（一五五三）、毛利元就《もうりもとなり》・隆元《たかもと》が連署して出した軍法書（『毛利家文書』）をあげておきたい。

条々之事

一、動かけ引の儀、其日〳〵の大将の下知《げじ》に背き候て仕り候者は、不忠たるべく候。たとひ何たる高名、又討死を遂げ候共、忠節に立つべからざる事。（第一条）

一、小敵、又は一向敵も見えざる時、ふかく行き候て、敵少も見え候へば、其時引き候。以ての外曲事《くせごと》に候。以後において、左様仕り候する者、被官を放つべき事。（第二条）

一、敵を追ひ候て出で候はん時も、分きりを過ぎ候て出で候はん者は、是又面目うしなはせ候はん事、たとひ忠に候共、立つべからざる事。（第三条）

一、事極まり候て、こらへ候はん所を、退き候はん者をば、一番に退き足立て候ずる

者を、被官放つべき事。（第四条）

一、所詮、其時の大将、次には時の軍《いくさ》奉行の申す旨を背き候する者は、何たる忠成共、忠節に立つまじき事。（第五条）

右五ヶ条、此の度に限らず、以後に於て、当家法度たるべく候。神も照覧候へ、此前を違ふべからざる者也。

天文廿二年

九月廿一日　　隆元（花押）

元就（花押）

第一条は、戦場における軍事行動は、その日の大将の下知に従うべきことをいっている。下知に背いて、いかなる高名をあげようと、また、仮に討ち死にしても、それは忠節とはならないと定めている。「上官の命令には絶対従え」という内容である。

第二条は、敵が少ないとみて、あるいは敵の姿がみえないことから、敵地深く入ったとき、敵の姿がみえたからといって退却してはならない、敵の姿をみてから退いた者は改易処分にするとしている。

第三条は、敵を追いつめたとき、命令を逸脱した勝手な行動をしてはならない、たとえそれが忠義の心から出たものとしても、そのようなことはやってはならないとする。

第四条では、敗軍のとき、当然、こらえて支えなければならないときに退却する者はやはり改易処分にするとしている。

そして、最後、第五条は、第一条のくりかえしになるが、大将および軍奉行の命令に背いた者は不忠者であるとしめくくっている。

このように毛利氏の軍法書は五ヵ条と少ない。他の大名家では十ヵ条を超すものもあり、中には、「戦場で大声を出したり、雑談してはならない」と、かなり細かいことを規定したものまである。

この毛利氏の軍法書五ヵ条で注目されるのは第四条で、そのいわんとするところは、「敵と戦っている最中、味方が不利な状況になっても、そこに踏みとどまらなければならない」というわけで、これは敵前逃亡禁止の条目といってよい。

死を覚悟して戦えば生き残る

敵とぶつかり、味方が少し崩れたからといって兵を引いてしまえば、勝てる戦いも負けてしまうわけで、どの大名もこの点は神経をとがらせており、より厳しいいい方になり、それが「主君と枕を並べて討ち死にするのが本当の侍」といった意識につながっていった。

越後《えちご》上杉氏の軍記物『北越軍談《ほくえつぐんだん》』の付録巻二に「軍陣法令」という項があり、そこに「軍勢法令条々」が収録されている（『上杉史料集』中巻）。全文二十九ヵ条とかなり長文の軍法書であるが、その第十八条に、

一、或《あるい》は主人、或は与頭《くみがしら》戦死の場に在《あ》らば、即ち其《そ》の衆一所にして敵に死すべし。若《も》し遁《に》げ逃れば、立処《たちどころ》に於て之を誅すべし。亦《また》士卒の難を捨忘ること莫《なか》れ。故に曰く、之と与《とも》に死すべく、之と与に生くべくして危きを畏《おそ》れざるなり。（第十八条）

と記されている。「主人や組頭が討ち死にしたときは、その配下の者はそこで討ち死にするべきで、もし、逃げ帰ったりした者がいれば誅殺する」というわけで、こうした厳しい軍律が守られていた現実をみておかなければならない。

このことは上杉家中だけでなく、たとえば94ページに引用した加藤清正《かとうきよまさ》の「清正家中へ

被二申出一七ヶ条、大身小身によらず、侍共可二覚悟一条々」にも、その第七条で、「武士の家に生れてよりは、太刀・刀を取て死《しぬ》る道本意也」とあるので、当時としては一般的だったと思われる。

このように、武将たちは常に死と隣りあわせだったわけであるが、そういう時代だからこそ、「どうしたら生きのびることができるか」は大きな課題であった。このことに論及した家訓もある。

たとえば武田信玄《しんげん》の弟信繁《のぶしげ》の「古典厩《こてんきゅう》より子息長老江異見九十九箇条之事」の第二条には、

一、戦場に於《おい》て、聊《いささか》未練をなすべからざる事。呉子《ごし》曰《いわ》く、生を必するときんば則ち死し、死を必するときんば則ち生く。(第二条)

とある。いわんとしていることは明解で、戦場においては、「死にたくない」などという未練心をおこしてはならず、死を覚悟して戦いに臨んだ者の方がかえって生き残るという論理である。数多くの修羅場をくぐってきた信繁だからいえる、一つの合戦哲学だったのではなかろうか。

3　勝利を得るための工夫

完勝よりも七分の勝ちがよい

戦国時代において、一度の合戦で何百、ときには何千といった戦死者が出る背景として、先にみたような当時の厳しい軍律があった。だからこそ、武将たちは、どうしたら負けないか、勝つためにはどうしたらよいかを考え、さまざまな工夫をこらすことになる。

そこで、つぎに、武将たちの勝利を得るための工夫を家訓などから追ってみたい。まず、家訓というわけではないが、『甲陽軍鑑《こうようぐんかん》』を取りあげる。

『甲陽軍鑑』には、随所に「信玄公の給《たま》ふ」とか「信玄公被レ仰るゝ」といった文章ではじまる文章がみえる。「の給ふ」は「宣う」あるいは「曰う」のことで、これらはいずれも「信玄公がこのようにおっしゃいました」の意味で、まさに信玄言行録といった趣がある。特に、合戦に関した言葉は、さしずめ「信玄公武辺咄」といってよく、信玄の合戦哲学のエキスが詰まっているように思われる。

『甲陽軍鑑』巻十三に収められている「信玄公御一代、敵合のさほう、三ヶ条者」という形で書きはじめられたところに、

一、信玄公おほせらるゝハ、ゆミやの儀、勝負の事、十分を六分七分のかちハ十分のかちなりと御定なされ候。中にも大合戦ハ殊更右之通肝要也。子細ハ、八分のかちハあやうし、九分十分のかちはみかた大まけの下つくり也との儀也。

とみえる。信玄が「合戦は六分か七分の勝ち方が一番いい」といっていたことがわかる。要するに、八分以上の勝ち方はかえって危険で、九分・十分の勝ちになってしまうと、それは味方の大負けをする下地を作ることになると警告していたわけである。

信玄は、完勝してしまうと、その後、奢《おご》りの気持ちが生じ、そのあとで大敗を喫する要因になると考えていたのである。大意をとって、「信玄の七分勝ち」などといっている。

信玄が重視した二つの情報

同じく、「信玄公御一代、敵合のさほう、三ヶ条者」の中に、情報蒐集《しゅうしゅう》の重要性を指摘した言葉がある。

一、敵のつよき・よハきのせんさくあり。又ハ、其国の大河・大坂、或は分限のもやう、その家中諸人のぎやう（行儀作法）ぎさほう、かう（剛）の武士、大身・少身ともに多少の事、みかた物がしら衆に、よく其やうす（様子）をしらせなさるゝ事。

たしかな情報をもとに、着実に勝利を積み重ねていった信玄らしい、敵に対する際の作法である。『孫子《そんし》』の「彼を知り己を知れば百戦殆《あやう》からず」という有名なフレーズを、かみくだいて解説している内容といってよい。敵と戦う前に、信玄がチェックしていたポイントは、いまここに引用したところからもうかがわれるように二つあった。一つは、敵国の地形などの情報で、もう一つは敵国の家臣団に関する情報であった。

地形については、これまで戦国合戦史研究でもあまり注目されてこなかったと思われるが、どこに大きな川が流れ、大きな坂があるかを知っているかいないかでは、軍事行動のときに差が出て当然である。信玄は、これから攻めようとする場所にあらかじめ斥候《せっこう》を派遣し、ある程度の地図を作らせていたものと思われる。このことにかかわっておもしろいエピソードが『甲陽軍鑑』巻十三にみえるので、紹介しておこう。

元亀《げんき》三年（一五七二）、三方原《みかたがはら》の戦いの前哨戦の一つである徳川方の二俣《ふたまた》城を落とした戦いのあと、武田軍は天竜川《てんりゅうがわ》を渡って浜松《はままつ》城に接近することになった。ところが、天竜川のどこを渡ってよいのか全く見当がつかなかったというのである。当時、天竜川には橋がかかっておらず、渡し船も、家康に協力的な地元の人びとによって隠されてしまい、まさにお手あげ状態だった。川を渡ろうとした旧暦十二月二十二日は現在の暦だと二月上旬で、冬暖かい遠江《とおとうみ》でも、さすがに天竜川の水は冷たく、浅瀬を渡りたいと考えたが、どこが浅瀬なのかわからなかった。

『甲陽軍鑑』の記述によって、このとき、武田方で遠江の地図を作り、天竜川がどのように流れているかはつかんでいたことが知られる。しかし、「あさき・ふかきハ更に見をよばざる所に」とあるように、どこが浅瀬なのかまでは把握していなかったのである。

おもしろいエピソードといったのは、この先である。信玄の家臣馬場美濃守信房《ばばみののかみのぶふさ》が一計を案じている。「後詰《ごづめ》に来た家康側の軍勢が、二俣城開城後、兵を浜松城にもどすはずだから、どこの瀬を渡るかよく見張るように」との命令を出し、渡河地点を知ることができ、無事、全軍、天竜川を渡りきることができたという。このエピソードからも、武田側が敵国の地図を作っていたことを知ることができる。

戦後処理のポイント

なお、『甲陽軍鑑』には、本篇のほかに末書とよばれる部分があり、そこにも信玄の言葉がかなり記載されている。たとえば、末書下巻之中第二に、

信玄公常に被レ仰ハ、弓矢の儀、敵国へ働キ入リ、即時に其所を取しく儀ハ、国もつ大将ノ大キなるあやまりなり。子細ハ、先《ま》ヅ敵国をくたびらかし候て、おのづから手に入ルやうに仕ハ、愚老が弓矢かたぎ、如レ此也。其敵をつかれしむる三ヶ条ハ、

一ニ、春ハさなへをこなし、

二ニ、夏ハうゑ田をこね、或ハむぎ作をこなし候。

三ニ、敵地、民百姓迄の家を焼、其後、命をまつたふ備をよくし、山よせの味方持城ちかき、つうじのよき所を見立、取リ手をきづき、番勢を指置、帰陣して、頓而《やがて》又

出陣すべき事。

とあるように、戦後処理にも心くばりしていたことがわかる。要するに、攻め込んだ敵地をすぐ支配しようとするのではなく、「先ヅ敵国をくたびらかし」て、敵国が自然に手に入るようにすべきことを説いている。

実際、信玄が永禄《えいろく》十一年（一五六八）十二月に駿河《するが》に侵攻し、今川氏真《うじまさ》を逐って駿府を占領しても、駿府今川館に入ってその地を支配するという動きはとっていない。ここに「取リ手《（砦）》をきづき、番勢を指置、帰陣して、頓而又出陣すべき事」とあり、その通りの行動をとっているのである。この場合の砦とは久能山《くのうざん》城のことで、そこに今福浄閑《いまふくじょうかん》らの番勢を入れている。

「勝て甲の緒をしめよ」

ところで、先に「信玄の七分勝ち」についてふれたが、実は、それと同じような考え方をしていた武将はほかにもいた。たとえば、北条氏綱《ほうじょううじつな》の遺言状「北条氏綱公御書置」の第五条は、つぎのように書かれている。

一、手際なる合戦ニておびただしき勝利を得て後、驕《おごり》の心出来《しゅったい》し、敵を侮《あなど》り、或《あるい》ハ不行儀なる事必ずある事也。つつしむべし〳〵。かくのごとく候て滅亡の家、古より多し。この心万事にわたるぞ。勝て甲《かぶと》の緒をしめよという事、忘れ給ふべからず。（第五条）

「勝て甲の緒をしめよ」といういい方がいつごろからみられるのか知らないが、これは比較的早い事例ではないかと思われる。どうしても、大勝してしまうと油断が生じ、足をすくわれることがある。

氏綱も、さきにみた信玄も、そのあたりの警戒心を喚起したのであった。

千人の正面突破より一人の内応者

なお、勝利を得るための工夫として、いかに謀略的手段を上手に使うかも重要になってくる。ふつうの社会常識としては、謀略とか嘘は悪であるが、戦いに臨む武将たちにとっては、ときには謀略的手段は是認されていたのである。

25ページでみた「朝倉宗滴話記《あさくらそうてきわき》」に、「武者は犬ともいへ、畜生《ちくしょう》ともいへ、勝事《かつこと》が本《ほん》にて候事」という一節がある。いわんとしていることはきわめて明解で、「武士が戦いに臨んだ場合、敵から犬だ畜生だとののしられても、とにかく勝つことが第一である」といった内容である。

「どのような悪辣《あくらつ》な手段を使ってでも勝たなければどうしようもない」というのが、武将たちの合戦哲学でもあったわけで、毛利元就も、隆元ら子どもにあてた教訓状（『毛利家文書』）で、「はかりごと多きは勝ち、少なきは敗《ま》け候と申す」といいきっており、「ひとへに〳〵武略・計略・調略かたの事までにて候〳〵」といういい方をしている。実際、毛利氏が中国地方を代表する大戦国大名となったのは、謀略的手段を駆使して勝ちあがっていったからである。

『甲陽軍鑑』巻二には、「侍の武略仕る時ハきよごん（虚言）を専《もっぱら》もちうる物也。それをうそと申ハぶあんないなる武士にて、女人にあひ（相似）にたる人ならん」という言葉もみえる。勝つためには虚言、すなわち嘘も肯定されるという考え方である。

武略としての嘘が肯定されるという考えは、戦国時代を生きた武将たちに共通していたといってよい。

江戸時代初期まで生きた儒医江村専斎《えむらせんさい》が口述した『老人雑話』という本によれば、「明智日向守《あけちひゅうがのかみ》が云ふ、仏のうそをば方便と云ひ、武士のうそをば武略と云ふ」とある。明智日向守は明智光秀《みつひで》のことで、光秀も「武士の嘘を武略という」といっていたことがわかる。

謀略的手段を使ってでも、「犬・畜生といわれても勝て」というように、勝つことを最大の目標としていた戦国時代でもあるので、残された家訓にも、やはり、「何としても勝つ」という気迫が伝わってくるものがある。武田信繁の「古典厩より子息長老江異見九十九箇条之事」においても、

一、千人敵に向うより、百人之横入、然る可き事。古語に云う、千人の門を推すは、一人の関《かん》を抜くに如《し》かずと。（第八十三条）

といった一節がある。

このいわんとするところは、敵に対したとき、正面から千人で攻めかかるよりも、百人でもいいから側面を衝いた方が得策だというものである。信繁はここで古くからの諺《ことわざ》を引いて、千人で門を破ろうと正攻法をしかけるよりも、忍びを入れるか、あるいは内応者

をみつけるかしてでも、一人が門の閂《かんぬき》をはずした方が効果的であるといい切っている。

事実、戦国期の戦いをみると、特に城攻めなどの場合、正攻法ではなかなか落ちない城でも、城中に内応者を作ることによって容易に落城させることができたといった例が多々みられるのである。

4 呪術との向きあい方

おみくじで戦略を決めた島津氏

合戦になると、当時は呪術的なことがらがかなりの比重を占めていた。実際、戦国武将のもとには、呪術に堪能な軍配者とよばれる軍師が抱えられていたのである。これを呪術者型軍師とよんでいる。彼らは占いや加持祈禱《かじきとう》を行っていた。

武将と呪術の関係がよくわかるのは、薩摩《さつま》の島津《しまづ》氏の場合である。島津義久《よしひさ》の家老上井《うわい》覚兼《かくけん》が『上井覚兼日記』を残してくれていたからである。

島津氏では、城攻めのとき、「すぐ城を攻める」「包囲を続ける」「もう少し様子をみる」

という三枚のおみくじを用意し、それを霧島社の神前で軍師が引くというやり方をしていたことがわかる。おみくじは「御御鬮《おみくじ》」とも「御神籤《おみくじ》」とも書かれるが、事の吉凶を占うくじのことである。また、先陣を誰にするかもおみくじで決めており、島津氏家中ではおみくじが重視されていたことがわかる。

合戦の日取りを軍師が決めていたという例もある。当時は合戦に適さない悪日というものがあった。十死日とか絶命日などとして史料に出てくるが、当然、武将としてはそういう日の合戦は避けたいところで、軍師に日取りを相談し、占ってもらうことになる。日取りといっても、現在の暦に書きこまれている大安とか仏滅などとちがって、五行思想が関係してくるので、よけい複雑だった。

ちなみに、五行思想というのは、木《もく》・火《か》・土《ど》・金《ごん》・水《すい》の五つが行き巡るというもので、宇宙はこの五つによって成り立ち、人は生まれによって、木姓とか火姓というようにどれかに属すという考えである。それと、合戦がどう関係するかであるが、総大将の五行が問題とされる。

たとえば、兵法書の一つ、『兵将陣訓要略鈔《しょう》』には、総大将の五行と悪日との関係をつぎのように記している。

一、其日大将軍進止事
吾身ノ姓五行ヲ勘ヘシ。木姓ノ人ハ庚辛日敵陣ニ進発スヘカラス。火姓ノ人ハ壬癸日、土姓ノ人ハ甲乙日、金姓ノ人ハ丙丁日、水姓ノ人ハ戊己日、敵陣ニ進戦スヘカラス。

要するに、総大将が木姓であったら、十干《じっかん》の庚《かのえ》の日と辛《かのと》の日は戦いをやめた方がいいというのである。以下、火姓・土姓・金姓・水姓とそれぞれ日が決められている。総大将がこのようなことにまで気を配ってはいられないわけで、そのような五行思想を熟知している呪術者型軍師を必要としていたと思われる。

呪術者の進言を無視した秀吉

しかし、こうした呪術を絶対視していた武将がいた反面、呪術と距離をおきはじめた武将もあらわれている。たとえば、越前《えちぜん》の戦国大名朝倉孝景《たかかげ》は家訓「朝倉孝景条々」の第十三条でつぎのように述べている。

一、勝つべき合戦、執るべき城責《しろぜめ》等の時に、吉日を撰《えら》び、方角を調べ、時日を遁《のが》す事口惜しく候。如何様《いかよう》の吉日なりとも、大風《おおかぜ》に船を出し、猛勢《もうせい》に無人にて向《むかう》は其曲《そのきょく》有《ある》まじく候。悪方たりと雖《いえど》も、見合《みあい》、諸神殊《しょしんこと》には八幡《はちまん》・摩利支天《まりしてん》に、別して精誠《しょうじょう》を致し、軍功を励まし候はゞ、勝利案中《あんのうち》たるべき事。(第十三条)

孝景は、吉日とか方角とかよりも勝機の方を重くみていたことがわかる。このことに関して興味深いエピソードがある。豊臣《とよとみ》秀吉がまだ羽柴《はしば》秀吉と名乗っていた時代、天正《てんしょう》十年(一五八二)六月の「中国大返し」のときのことである。

信長の死を知った秀吉が、急遽、毛利輝元と講和を結び、居城である姫路《ひめじ》城までもどり、兵を一日だけ休ませ、六月九日に出陣ということをふれさせた。すると、秀吉の前に呪術者があらわれ、「明日は悪日なので、出陣は取りやめた方がよい」と進言してきた。そのときのやりとりが『川角太閤記《かわすみたいこうき》』にみえる。

一、常々御祈禱など仰せ付けられ候真言の護摩《ごま》堂の僧申し上げられ候。其の様子は、明日の御出陣、殊の外、日柄あしく御座候。出でて二度帰らざる悪日と申し上げられ候。秀吉、ために一段と吉日なり。それをいかにとなれば、君の為に討死の覚悟なれば、此の城え二度生きて帰る事あるまじきなり。又、光秀天命つきなば、秀吉大利を得、思ひのまゝの国の城に居城をかまへべきなれば、此の国え下るべきに及ぶまじきなり。明日は我が為には吉日ぞやと、仰せ出だされ候得ば、その僧も、目出たき御きてん仰せ出だされ候と、御あいさつ残る所なく御座候と、相聞こえ申し候事。

秀吉は、このように、呪術者のいう悪日をものともせず出陣し、「中国大返し」を成功させて六月十三日の山崎の戦いで明智光秀を破っているのである。呪術者のいう日の吉凶よりも、勝機を重視した戦い方をしていたことがわかる。

同じようなことは、鍋島直茂《なべしまなおしげ》の家訓「直茂様御教訓ヶ条覚書」にもつぎのように記されている。その第三十五条に、

一、鬮占《くじうらない》は運に付候間、差立用候はゞ、大にはづれ有べし。（第三十五条）

とあり、くじや占いははずれることもあると警告しているのである。

呪術を信じていた家康

ただ、このように、呪術と距離をおく武将があらわれても、依然として呪術を重くみていた武将がいたことも事実である。

『御当家紀年録』という史料によると、天正十四年(一五八六)、徳川家康が居城を浜松城から駿府城に移すとき、家康は占い師に、「このまま東海道を東に進んでよいか」と尋ねている。このとき占い師は、「家康様はいいですが、秀忠《ひでただ》様は、そのまま東に行くと禍《わざわい》があるので、一度、浜松城から南に下がり、東に進み、駿府近くで北上されるのがよいでしょう」と答え、家康・秀忠はその通りにしたというのである。これは、まさに、古代、平安貴族などの「方違《かたたが》え」で、家康がそれを実践していたというのも興味深い。

家康が易を重視していたことは事実で、足利学校の庠主《しょうしゅ》で、易の第一人者といわれる閑室元佶《かんしつげんけつ》と懇意だったことが知られている。家康は元佶から『毛詩《もうし》』などの講義を受けるとともに日々の行動も占わせていたのである。

注目されるのは、慶長五年（一六〇〇）の関ヶ原の戦いにあたり、元佶が家康の求めに応じて、出陣の日取りを占っている点である。『下毛埜州《しもつけのくに》学校由来記』に、

一、関ケ原、御出陣供奉之節、白練絹、朱丸之内御真筆の書を以って、学之一字指物之を賜わり、毎度御出陣之節、日取、御吉凶等、考へ之を差し上ぐる也。

とみえる。

元佶が占った日取りというのが、江戸城を出陣する九月一日のことをいうのか、戦いのあった九月十五日のことをいうのか、これだけの記述ではわからないが、家康にしてみれば、「関ヶ原の勝利は元佶が日取りを占ったおかげ」という思いがあったようである。

呪術に向きあう心情は、武将それぞれだったといってよいのかもしれない。

5 武芸鍛錬の奨励

馬に乗ってこそ一流の武士

戦国武将たちにとって喫緊の課題は、戦いにいかに勝つかであるが、そのためには、家臣の軍事力強化が必要となってくる。

トップの大名クラスの武将たちが口癖のようにいっているのが「文武は車の両輪」というフレーズである。北条早雲《そううん》の「早雲寺殿廿一箇条」が、

一、文武弓馬の道ハ常なり。記すに及ハす。文を左にし、武を右にするハ古《いにしえ》の法、兼て備へすんハ有へからす。（第二十一条）

という一文でしめくくられているのが印象的であり、43ページで引用した黒田長政《くろだながまさ》の「掟書之事《おきてがきのこと》」は、さらにつっこんでつぎのように記している。

（前略）文武は車の両輪の如くなれば、かたぐ〳〵かけてもたちがたし。勿論治世には文を用ひ、乱世には武を以治るといへども、治世に武をわすれず、乱世に文を捨ざるが、尤《もっとも》肝要成るべし。世治り、国主たる人、武を忘るゝ時は、第一軍法捨《すた》り、家中の諸士もおのづから柔弱になり、武道のたしなみなく、武芸にも怠り、武道具等も不足し、持伝へたる武具もさびくさりて、俄《にわか》の用に不レ立。かく武道おろそかなれば、平生の軍法定らずして、不慮に兵乱出来る時には、あわてさわぎ、評定調はずして、軍法立難し。武将の家に生れては、暫時も武を忘るべからず（後略）。（第一条）

このように、黒田長政は「武」に、武具などの手入れも含んでいるが、一般的には、早雲がいう「文武弓馬の道」で、弓とか馬が中心の武芸ということになる。加藤清正の「清正家中へ被二申出一七ヶ条、大身小身によらず、侍共可二覚悟一条々」の第一条は、

一、奉公の道油断すべからず。朝辰《たつ》の刻起き候て、兵法をつかひ、食をくひ、弓を射、鉄炮を打ち、馬を乗るべく候。武士の嗜《たしなみ》能《よき》ものには、別して加増を遣わすべき事。（第一条）

となっている。武士でも、ある程度の身分の者は馬を乗りこなすことが求められていたことがわかる。

その乗馬も、「多胡《たこ》辰敬《ときたか》家訓」では、「アラ馬ヤ曲乗ダテハ無用也。タヅナヲ知リテ足ナミヲ乗ベシ」と、荒馬を乗りこなしたり、曲芸のような乗り方は無用としている。

武田信繁の「古典厩より子息長老江異見九十九箇条之事」の第十条では、

一、弓馬之嗜肝要事。論語に曰く、異端を攻むるは、是害のみ。（第十条）

としている。「早雲寺殿廿一箇条」でも、第十六条で、

一、奉公の透《すき》には、馬を乗習ふべし。下地は達者に乗習て、用の手綱以下は稽古すべきなり。（第十六条）

と、やはり、乗馬の練習を奨励しているのである。それは、戦国時代、騎馬武者が武士の

中で上位者だったからである。馬に乗れるということは一種のステイタスだったといってもよい。

意外に少ない騎馬武者

全家臣団の中における騎馬武者の比率は大名家ごとにちがっているが、北条氏の場合、着到状によってかなりのことがわかる。なお、着到状は、大名が家臣に対し、「合戦のときには、これだけの人数を出しなさい」という軍役《ぐんやく》を定めた召集令状というべきものである。

たとえば、道祖土《さいと》図書助という家臣の場合、「道祖土家文書」の中につぎのような着到状がある。

改定着到之事

此着到

廿五貫文　八林之内屋敷分

一本　鑓二間之中柄具足皮笠

一本　指物持　同理
一騎　馬上具足甲大立物手蓋面膀
以上三人
右着到分国中何も等《ひとしく》申付候。自今以後此書出之処、聊《いささか》も不レ可レ有二相違一候。於二違背一者越度者可レ為レ如二法度一者也。仍如レ件

壬申（元亀三年）　（虎朱印）
正月九日
道祖土図書助殿

この道祖土図書助は、北条氏から二十五貫文の所領を宛行《あてが》われていた。その「御恩」に対する「奉公」として、戦いのときには三人の軍役をつとめる決まりとなっていた。ここにみえる「一騎　馬上」が道祖土図書助本人であり、彼だけが騎馬武者で、残り二人の鎧持ちと指物持ちは徒歩で従っていたのである。

北条氏にかぎらず、「武田騎馬隊」として有名な武田氏においても、騎馬武者の数は決

して多くはなかった。その意味で、家訓の対象は、足軽《あしがる》などの雑兵ではなく、ある程度、家臣団の中でも上位の者だったことがうかがわれる。

第五章　夫婦喧嘩も見逃さない

——領国経営の叡智

1　上に立つ者のつとめ

領国をいかに経営するか

戦国大名家の成り立ちについては、ふつう三つに分類・整理されている。

一つは、守護大名がそのまま戦国大名になるというケースである。駿河《するが》の今川《いまがわ》氏、甲斐《かい》の武田《たけだ》氏、豊後《ぶんご》の大友《おおとも》氏、薩摩《さつま》の島津《しまづ》氏など、具体例は多い。

二つ目は、守護代が下剋上《げこくじょう》で守護大名を倒し、戦国大名となったケースで、その典型例が出雲《いずも》の尼子《あまご》氏である。守護代だった尼子経久《つねひさ》が、守護大名京極政経《きょうごくまさつね》（政高《まさたか》）を逐《お》って戦国大名化しており、ほかに、越後《えちご》の守護代だった長尾《ながお》氏の下剋上も知られている。長尾氏は上杉《うえすぎ》氏の名跡をついで戦国大名上杉氏となった。

三つ目が国人一揆《こくじんいっき》による戦国大名化である。一揆というと、室町時代の土一揆、江戸時代の百姓一揆を連想し、民衆の武装蜂起という印象があるが、「一揆」は「揆を一つにする」の意味で、はかりごと、目的を一つにした連合体のことをいう。つまり、国人領主連合で、その盟主から戦国大名が生まれるというケースである。安芸《あき》の毛利《もうり》氏、近江《おうみ》の浅井《あざい》氏などは、この国人一揆から戦国大名化した例になる。

では、そのようにして成立した戦国大名は、どのようにして戦国大名としての地位を保っていたのだろうか。家臣はもちろん、領民から見放されないために知恵をしぼっていたことはまちがいない。そうした領国《りょうごく》経営の叡智《えいち》を家訓《かくん》からさぐっていきたい。

大名を支えた家臣たち

実際に家訓《かくん》を紹介する前に、まずは家臣団統制の実際をみることにしよう。

戦国大名家には、家臣団のトップにあたる家老がいる。戦国期の家老にあたる者を、室町期には家宰《かさい》といったりしている。扇谷《おうぎがやつ》上杉氏の家宰として、政真《まさざね》・定正《さだまさ》に仕えた太田《おおた》道灌《どうかん》などは特に有名である。山内《やまのうち》上杉氏の家宰として、長尾景信《かげのぶ》・景春《かげはる》父子の名もよく知られており、これらは、いずれも家宰と表現されている。そうした上杉氏の伝統に由来するものか、上杉景勝《かげかつ》の筆頭家老直江《なおえ》兼続《かねつぐ》は執政《しっせい》とよばれている。

一般的に、家宰とよばれていたものが、時代が下るにしたがって家老と表現される。また、家老の中でも上位の者を宿老《しゅくろう》とよぶことがある。ただ、宿老はどこの家にもいたというわけではない。また、家老も、家によってよび方がちがっていて、毛利氏では、「御《お》年寄衆《としよりしゅう》」というのが家老に該当し、ほかに、「老中」とよんでいる大名家もあった。

家老の人数はそれぞれの大名家の領国規模の大小によってちがってくるが、少なくて二、三人、多いところでは二十人を超すような場合もあった。徳川家康《とくがわいえやす》と北条氏政《ほうじょううじまさ》・氏《うじ》直《なお》の間が、豊臣秀吉との関係で微妙な情勢になった天正《てんしょう》十三年（一五八五）、北条方の家老衆二十人の起請文《きしょうもん》が家康のところに届けられるということがあった（『家忠《いえただ》日記』）。これでみると、北条氏の家老は二十人いたものと思われる。

また、『元親記《もとちかき》』や『長元《ちょうげん》物語』によると、四国の長宗我部《ちょうそかべ》氏の家中には、福富《ふくとみ》・姫《ひめ》倉《くら》・南岡《みなみおか》・桑名《くわな》・中島《なかじま》・久武《ひさたけ》・野中《のなか》・吉田《よしだ》・比江山《ひえやま》・馬場《ばば》・国吉《くによし》・江村《えむら》の十二家が「家老分」の家とされ、家老はそれら「家老分」の家から選ばれ、任命されるきまりになっていたという。

徳川家康が三河《みかわ》を平定したあと、三河を岡崎城中心の西三河と、吉田城中心の東三河とに分け、西三河を管掌《かんしょう》する家老として石川家成《いしかわいえなり》を任命し、東三河を管掌する家老として酒井忠次《さかいただつぐ》を任命し、二人は「両家老」などとよばれている。のち、石川家成は甥の石川数正《かずまさ》に代わるが、このあと、酒井忠次と石川数正の「両家老」体制がしばらく続いている。三河一国ぐらいの領国規模だと、家老は二人程度で十分掌握することができたのであろう。

徳川家でいえば「徳川十六神将」、武田家でいえば「武田二十四将」が画幅《がふく》に仕立てあげられているが、その時代のものというよりは、少しあとになって作成されたものであり、たとえば、「武田二十四将」に、一番の重臣ともいうべき小山田信茂《おやまだのぶしげ》は描かれていない。これは、小山田信茂が最後に武田氏を裏切ったためにはずされたからである。

当時の古文書などからみると、武田信玄《しんげん》・勝頼《かつより》期の家老として名をあげることができるのは、この小山田信茂のほか、穴山信君《あなやまのぶただ》（梅雪《ばいせつ》）・板垣信方《いたがきのぶかた》・飯富虎昌《おぶとらまさ》・原虎胤《はらとらたね》・馬場信《のぶ》房《ふさ》（信春《のぶはる》）・内藤昌豊《ないとうまさとよ》・山県昌景《やまがたまさかげ》・秋山虎繁《あきやまとらしげ》・土屋昌続《つちやまさつぐ》といったメンバーであろう。彼らは御譜代家老衆とよばれるが、これと、御親類衆および足軽《あしがる》大将衆とによって直臣団が構成されていた。

戦国時代に行われた「会議」

なお、大名家によってはこれら家老衆が評定衆《ひょうじょうしゅう》を兼ねることもあった。実は、戦国大名当主が、一面において強烈な個性を発揮し、家臣をぐいぐい引っぱっていくという側面をもちながら、重臣たちとの合意によってことを進めていたことが知られている。

たとえば、今川義元《よしもと》の場合、毎月六回の評定会議を設定していた。日が決まっているこうした定例の評定会議を式日評定《しきじつ》とよんでいるが、毎月、二日・六日・十一日に開かれる三度の評定会議では、主として駿河・遠江《とおとうみ》のことが話し合われ、十六日・二十一日・二十六日と、月の後半に開かれる三度の評定会議では、主として三河のことが話し合われている。

月に六回という評定会議のペースは、周防《すおう》の大内《おおうち》氏でも同じで、かなり一般的な傾向とみることができよう。今川氏も大内氏も、巳時《みのとき》（午前十時）に評定会議開始となっている点まで共通している。

今川氏の場合、評定会議に何人出席したかわからないが、大内氏は十人と決められており、越前《えちぜん》の朝倉《あさくら》氏では評定衆六人としており、これも、領国規模の大小によってちがいがあったものと思われる。

なお、こうした式日評定に出席できるメンバーが評定衆ということになるが、当時の史料には必ずしも評定衆として出てくるわけではなく、大名家によっては、奉行人の名でよばれているところも少なくない。奉行人の中から何人かが選ばれ、それが評定衆を構成していたといえる。では、具体的に、武将たちはどのような奉行についていたのだろうか。

北条氏を例にとると、古文書などから明らかなものとして、普請《ふしん》奉行・寺社奉行・検地奉行・船奉行・公方《くぼう》奉行・蔵奉行・武者奉行などがあったことがわかる。その他、軍記物などによると、軍《いくさ》奉行・弓奉行・槍奉行など軍事関係の奉行がおり、戦国後半、豊臣秀吉《とよとみひでよし》のころになってくると、兵糧《ひょうろう》弾薬の輸送にかかわる兵站《へいたん》奉行・小荷駄《こにだ》奉行なども重視されるようになる。

武将たちは、それぞれの持ち場をはっきりさせ、その持ち場で全力をつくすようになっていくわけで、部下たちの能力を引き出すのがトップとしての戦国大名の役目でもあった。

他国と戦う理由

家訓として残したわけではないが、このことにかかわって、武田信玄が名言を残しているので、つぎにみておきたい。『甲陽軍鑑《こうようぐんかん》』巻十に「晴信公《はるのぶ》原隼人佐《はらはやとのすけ》に御異見之事」という項があり、「晴信公、原隼人助をめしておほせらるゝ」とあり、百性(姓)ハ田地をかう(耕)作し、国をふつき(富貴)させ、大将の諸人を扶持し、弓矢をとつて勝利をゑ、他国をせめとり、よくおさめ、名をあぐる、そのもとハ、たみのかう作よくする故なり。

という言葉を載せている。つまり、「他国に攻め入るのは、自国の百姓たちの安全のためである」といった論理である。

この考え方は、『甲陽軍鑑』巻八にもみえる。そこでは、

あのごとく成兵者《なるつはもの》共をあつめ、多ク持ハ、軍ニかたんと云事也。いくさにかつハ、国をとりひろげんと云事也。国をとりひろげてこそ、めん〳〵かく〳〵、諸人大小・上下共ニ、かをん(加恩)のくれて、よろこばせんずれ。しよりやう(所領)をとりて、其上に又、増《まし》知行を取、りつしん(立身)してこそ、侍の本意なれ。彼本意の本と云ハ、諸侍、大小・かせもの・中間・小者迄も、あまねく過分、忝《かたじけなく》、存《ぞんずる》やうに仕ルハ、大将の第一のことハざならん。

といっている。

いわんとしていることはきわめて単純明快である。要するに、兵を多く持つのは、戦いに勝ちたいからである。なぜ、戦いに勝ちたいかといえば、国を取りひろげるためであるといい切っている。

しかも、そのあとの信玄自身のいい分が注目されるところで、家臣たちに加恩《かおん》、すなわち、合戦後、戦いでの働きに応じて与えられる恩賞があるから家臣たちが自分についてきていることを実感していたことになる。立身出世こそが侍の本意であるというあたりも、いかにも信玄らしい考え方といってよい。

もちろん、こうした論理は信玄独自のものではなく、他の戦国大名にも共通する。

たとえば、土佐の長宗我部元親も『土佐物語』の中で、「われ諸士に賞禄を心の儘《まま》に行なひ、妻子をも安穏《あんのん》に扶持《ふち》させせんと思ひ、四方に発向して軍慮《ぐんりょ》を廻ら」したといっている。家臣たちの知行《ちぎょう》をふやし、自国の百姓たちの生活を守るために他国へ侵略するのだということが、当時の戦国大名に共通する考えだったことがわかる。

ただ、この信玄の場合でいえば、「家臣に加恩を与えてよろこばせたい」や、元親の

「家臣に賞禄を与えて妻子をも安穏にさせたい」などというのを、信玄や元親の恩情とみるのは正しくない。戦国大名は、領土拡張のための戦いを続け、得た土地を、戦いに加わった家臣たちに恩賞として与えることによって、自分の立場を維持することができるという側面があったことをみておく必要がある。

江戸時代の武士は、「武士は二君《じくん》にまみえず」といって、一度仕えた主人に終生仕えるのが当然とされたが、戦国時代の武士はそうではなく、自分の能力を高く評価してくれる主君を求め、流動的だったのである。したがって、戦国大名は、家臣を満足させ、つなぎとめておくために恩賞を与え続けなければならず、そのための侵略戦争をしかける必要があったのである。

また、家臣から「能力なし」とみられれば、家臣たちの下剋上によって自分の立場が奪われるわけで、新たな戦いをしなければならないという側面もあった。それとあわせて、領民たちを満足させることも必要で、撫民《ぶみん》策に力を入れる大名が「名君」といわれるようになる。

2　領民思いの武将たち

名君・北条早雲の人柄

「名君」といわれる一人が北条早雲《そううん》（伊勢宗瑞《いせそうずい》）である。早雲が伊豆《いず》一国を支配するようになって、それまで、年貢率五公五民だったのを四公六民に引き下げたことはよく知られているが、その早雲の人となりを『北条五代記』はつぎのように記している。

仁義をもつぱらとし、一豆の食をえても、衆と共にわけて食し、一樽の酒を請ても、ながれにそゝぎて、士とひとしくいん（飲）するがごとし。よるは夜もすがらねぶりを忘れて、をこないに心をかたぶけ、昼はひめもす（ね）面をやはらげて、まじはりをむつまじくす。すゝみては万人をなでん（撫）事をはかり、退きては一身の失あらん事をはづ（恥）。たのしみは諸侯の後にたのしび、うれいは万人の先にうれふ。いまだしゆゝ（須臾）の間も、心をほしいまゝにせず、常に慈悲の政道をとりをこなひ、天道の加護をあふぎ、民をなで、道たゞしくましますす故、神明のまもり天道に叶ひ、敵をほろぼし国したがふ事、あたかも吹風の草木をなびかすがごとく、万民を憐み給ふ事、ふる雨の国土をうるほすに同じ。

早雲に対する最大級の賛辞といってよく、実際には一つの豆を皆でわけたり、酒を川に注ぐというようなことはしていないが、「万人をなでん事」、「万民を憐み給ふ事」に心をくだいたことはたしかである。

もちろん、『北条五代記』の作者三浦浄心《みうらじょうしん》が、北条氏の家臣だったことで、実際以上に美化して描いている面はあるが、民政に力を入れていたことは事実である。それは、早雲が若いころ、建仁寺および大徳寺で修行した経験をもっていたことと無関係ではないように思われる。早雲は、禅の心で領国経営にあたっていたのである。

そのことがうかがわれるのは、大徳寺での修行時代、机を並べていた東渓宗牧《とうけいそうぼく》が、「道号頌《どうごうしょう》」（『活套《かっとう》』）を残し、その中で、つぎのように早雲のことを評しているからである。読み下しにして引用しておく。

東海路に武勇の禅人有り、諱《いみな》を宗瑞《そうずい》という。自ら早雲庵主と称し、曾《かつ》て正続大宗禅師の室に入りて、吾が三玄《さんげん》の戈《か》を操《あやつ》り、固《まこと》に一世の雄にして、仏法中の人也。故に誠を外護《げご》に傾くは、金湯《きんとう》も未《いま》だ倹と為《な》さず。克《よ》く鷲嶺《しゅうりょう》の記莂《きべつ》を諼《わす》れ弗《あら》ざる者歟《か》。

禅僧の語録なので理解しにくい部分もあるが、注目されるのは、早雲のことを「武勇の禅人」と表現していることである。

この「道号頌」は、早雲が大徳寺から天岳《てんがく》という道号をもらったときのもので、この文章を書いた東渓宗牧はそのまま大徳寺に残り、大徳寺七十二世となり、一緒に修行した早雲が戦国大名になったことがわかる。つまり、早雲は、禅の心をもって撫民策を展開していたのである。

最も怖いのは「臣下万民の罰」

さて、撫民策を展開し、「名君」の一人に数えられるのが黒田如水《くろだじょすい》である。「黒田如水教諭」第一条はつぎのようになっている。

一、神の罰より主君の罰おそるべし。主君の罰より臣下百姓の罰恐るべし。其故は、神の罰は祈もまぬかるべし。主君の罰は詫言《わびごと》して謝すべし。只臣下百姓にうとまれては、必国家を失ふ故、祈も詫言しても其罰はまぬがれがたし。故に神の罰、主君の罰よりも、臣下万民の罰は尤もおそるべし。（第一条）

ここにいう「臣下万民の罰は尤もおそるべし」は、如水が晩年に行きついた境地といってよいが、若いころから領民との関係に留意していたことはいくつかの事例からも浮かびあがってくる。

たとえば、天正十五年（一五八七）、豊臣秀吉の九州攻めの論功行賞で豊前《ぶぜん》国六郡を与えられた如水は、すぐ領内に三ヵ条の「定《さだめ》」（『黒田家譜』）を出している。

定

一、主人親夫に背く者、罪科に行なふべき事。
一、殺人或ひは盗人・強盗をなし、又、其の企て仕る者あらバ、罪科に行なふべき事。

一、隠田畝ちがへ等仕る者、同前の事。
右の品々之有らば、たとひ親類又ハ同類たりといふとも、ひそかに申し出ずべし。其の儀実たらバ、人しらさる様に人（一）かどほうび遣はすべきの事。
天正十五年七月　日

一条目・二条目は一般的な定であるが、最初に出した法令で耕地に関することを取りあげているのは珍しい。如水の土地支配に取りくむ姿勢を示したものといってよい。

3　民法としての戦国家訓

喧嘩両成敗の規定

撫民は文字通り、民を撫《な》でることで、領主としての優しさをあらわしている。しかし、領民に優しく接するだけで領国経営が順調に進むというわけではない。「アメとムチ」というように、撫民を「アメ」とすれば、当然のことながら「ムチ」もときに必要となる。

その「ムチ」にあたるのが戦国家法だった。戦国家法によって、領民を縛ることも必要だったのである。逆にいえば、戦国家法の条文をみることによって、当時、武将たちが直面していたさまざまな課題が浮き彫りになってくると思われる。以下、そのいくつかを追いかけてみたい。

戦国家法で、ちがう大名が制定しているのに、似たような条文となっているものがあるが、その一つが喧嘩両成敗《けんかりょうせいばい》の規定である。

喧嘩はいつの時代にもあるとはいえ、やはり、戦いに明け暮れた荒々しい時代だけあって、特に戦国時代には頻繁に喧嘩があったようで、大名たちも頭を悩ませる問題だった。喧嘩で殺しあいになることもあり、また、殺しあいに至らないまでも、団結力が弱まることは目にみえており、喧嘩をさせないため、戦国家法に条文を入れている。

たとえば、今川氏親《うじちか》が制定した「今川仮名目録」の第八条はつぎのようである。

一、喧嘩に及輩《およぶともがら》、不レ論二是非一《ぜひをろんぜず》、両方共に可レ行二死罪一也《しざいにおこなうべきなり》、将又《はたまた》あひて取《とり》かくるといふとも、令二堪忍一《かんにんせしめ》、剰被レ疵《あまつさえきずをこうむる》にをいてハ、事ハ非儀たりといふとも、当座をんひんのはたらき、理運《りうん》たるへき也。兼又与力《かねてまたよりき》の輩、そのしはにをいて疵をかうふり、又ハ死するとも、不レ可レ及二沙汰一《さたにおよぶべからざる》のよし、先年定了《せんねんさだめおわんぬ》。次喧嘩人の成敗、当座その身一人、所罪たる上、妻子家内等にかゝるへからす。但しはより落行跡《おちゆくあと》におゐてハ、妻子其咎《そのとが》かゝるへき歟《か》。雖レ然《しかりといえども》死罪迄ハあるへからさるか。（第八条）

わかりにくい表現もまじっているので、現代語訳も入れておこう。

喧嘩をした者は、どちらに理があるかないかにかかわらず、両方とも死罪を申しつける。また、相手が取りかかってきたとき、堪忍して手出しをせず、そのために怪我をしたりした場合、喧嘩となる原因をつくったことはよくないことであるが、そのときの穏便な行為はよいことである。また、（喧嘩のときに）加担した者が、その現場で怪我をしたり、あるいは死んでしまうようなことがあっても、それを沙汰するにはおよばない。このことは先年すでに定めたことである。つぎに、喧嘩した者の成敗であるが、（喧嘩した）本人ひとりに罪がかかり、妻子や家内の者にまでは罪はかからない。ただし、喧嘩した本人が喧嘩の現場から逃亡してしまったような場合、妻子に咎がかかるようなこともあるのではないか。しかし、そのような場合でも、死罪にするということはない。

このように、かなりくわしい内容になっており、さまざまな状況を想定して条文をつくっていた様子がうかがわれる。この喧嘩両成敗といわれる条文は、武田信玄の制定した「甲州法度《はっと》之次第」にも、「今川仮名目録」とほぼ同じ条文で出てくるし、「結城《ゆうき》氏新法度」では「今川仮名目録」よりも厳しく、喧嘩した者は、本人はもとより家族の者まで改易し、家名を断絶させるとしている。

許可なき結婚や私信の禁止

また、いかにも戦国時代だなと思われる条文もある。他国の者との通婚禁止規定などはその最たるものではないかと思われる。これも「今川仮名目録」を引用する。その第三十条に、

一、駿遠《すんえん》両国之輩《ともがら》、或わたくしとして他国よりよめを取、或ハむこに取、むすめをつかハす事、自今以後《じこんいご》停二止之一畢《これをちょうじしおわんぬ》。（第三十条）

とみえる。「わたくしとして」とあるので、今川氏に内緒で、私的にといった場合の禁止なので、今川氏に届け、その許可を得れば他国の者との通婚もありえたわけであるが、家臣たちが敵対勢力と結びつくことを極度に警戒した、いかにも戦国的な条文といってよい。

ちなみに、氏親の段階では通婚禁止規定だけだったものが、氏親の子義元によって制定された「仮名目録追加」には、もう一歩進んだ条文がある。それが追加第十七条である。

一、自二他国一申通事、内儀を得すして、私之返答の事、かたく令レ停二止之一也。（第十七条）

要するに、他国からの通信があった場合、今川氏の承諾なしに返信してはならないという規定で、情報漏洩《ろうえい》を警戒していたことがわかる。この無許可通信禁止規定は「甲州法度之次第」にもみえる。

ユニークな結城氏の家法

戦国家法には、このように戦国という時代状況を反映している条文がたくさんみられるわけであるが、家臣や領民たちの生活規範に踏みこんだ規定もみられる。

その点で興味深いのが、下総《しもうさ》国結城城の城主だった結城政勝《まさかつ》が弘治《こうじ》二年（一五五六）に制定した「結城氏新法度」である。全文百四条と追加二条で条文の数が多く、そこに記された条文もユニークなものが多い。いくつか例をあげておこう。たとえば、第五十二条はつぎのようになっている。

一、いかにかしらをふまゆる子成共、無道□《（さカ）》た□《（のカ）》かきり、名代やふるへきと見及候者、かねて其成をありのまゝ致二披露一、何の子成共、名代持とをすへきニゆつるへし。（第五十二条）

「結城氏新法度」はところどころ欠字があって判読がむずかしい箇所もあり、ここでは「さたのかぎり」と読んでいるが、それでもなかなか意味のとりにくい条文である。現代語訳は『結城市史』第四巻　古代中世通史による。第五十二条は、たとえ長子であっても、もってのほかの放埒《ほうらつ》で、きっと家をつぶしてしまうにちがいないと見うけたならば、あらかじめ、その有様をありのままに（結城氏に）報告し、どの子であろうと、家を保っていけそうな子に、（家督を）譲るべきである。

となっている。やはり、戦国大名として、家臣にできの悪い者がいては困るわけで、このような口出しをしていたのであろう。

「結城氏新法度」には、もっと生活に密着した条文もあった。第九十二条には、

一、へいちたるハ、むかしよりぶんき定たる物にて候処、酒うりともすくなくつぎ候。誠あまりのぬす人にて候。やく人しらへたて、さやうの者ふたゝひ酒つくらせへからす。つくり候ハヽ、其とかめなすへく候。一さいのひさいすいニいたすもの、やく人聞たゝし、くわりうをかけへく候。わきより詑言すへからす。（第九十二条）

とある。この条文も意味がとりにくい。これも現代語訳したものを示しておく。

徳利《とっくり》や酒樽は、昔からその容量が決まっているものなのに、酒売りどもは（それよりも）少なくそそいでいる。（このことは）あまりにひどい盗人（の行為）である。役人はよく調べあげて、このような者に二度と酒を造らせてはならない。もし造るようなことがあれば、処罰することにする。その他一切の販売行為において、勝手なことをする者がいたら、役人は聞き糺《ただ》して罰金をかけよ。脇から弁護してはならない。

つまり、酒などの販売における非法行為に対する処罰規定で、結城氏はこのような商行為に対しても分国法で規制していたことがわかる。

不倫や離婚に関する規定

なお、戦国家法の中には、家中の問題、もっといえば家族や夫婦の問題にまで立ち入った条文を組みこんだものもある。

「長宗我部氏掟書」第三十四条はつぎのような文章である。読み下しにして引用する。

一、男留守の時、その家江座頭、商人、舞々、猿楽、猿遣、諸勧進この類、あるいは親類たりといえども、男一切立ち入り停止也。もし、相煩う時は、その親類同心せしめ、白昼見廻るべし。奉行人たりといえども、門外にて理《ことわり》を遂ぐべし。但し、親子兄弟は各別たるべき事。(第三十四条)

夫が留守のとき、夫以外の男を部屋に入れてはならないという内容である。妻の不倫を防止するのがねらいで、夫以外の男性との性交渉を極度に警戒していたことがわかる。戦国大名クラスになると、「奥」という空間があり、正室や側室には夫である大名本人以外近づくことができないしくみになっていたが、一般庶民にはそのような空間はなかった。そこで、このような形での男女の性的分離をはかっていたのである。

さらに、戦国家法の中には、夫婦喧嘩に関する規定を含んだものもあった。伊達《だて》稙宗《たねむね》が天文五年(一五三六)に制定した「塵芥集《じんかいしゅう》」は実に興味深い。平がな書きなので、そのまま引用しておく。第百六十七条にはつぎのようにみえる。

一、めをと《女夫》いさかひの事、そのめたけ《猛》きにより、おつとをいゝた《追出》す。しかるにかのめ、おつとにいとま《暇》えたるのよし申、あらため《改》とつかん《嫁》事をおもふ。そのおや《親》、きやうたい《兄弟》、もとのおつとのかたへとゝけ《届》にをよハすして、かのめおつとをあらたむ。いまとつく《嫁》ところのおつと、をんなともに、さいくわにをこなふへき也。たゝし、りへつ《離別》まきれなきにいたつてハ、せひ《是非》にをよはさるなり。しかるにまへ《前》のをつと、なかはハこうくハひ《後悔》、なかはハいまさいあひ《最愛》のをつとにいこん《遺恨》あるにより、りへつせさるよしもんたう《問答》にをよふ。いとまをえたるしせう《支証》まきれなくハ、まへのおつと、さいくわ《罪科》にのかれかたし。（第百六十七条）

「をつと」と「おつと」と二通り表現されているが、同じで、夫のことである。「め」は妻で、「猛き妻」というのだから、今日風にいえば「かかあ天下」ということになろうか。その猛妻ぶりに嫌気がさした夫が離婚を申しわたした。すると、彼女の方はさっさと家を飛び出し、「夫から暇をもらった」というわけで、別な男と再婚しようとしたというのが場面設定である。

この場合、彼女が再婚できるかどうかを「塵芥集」が判例として判断を下していて、離婚がたしかなら、再婚はかまわないとしている。

「塵芥集」第百六十七条が注目されるのは、さらにそのあとがあるからである。ここで引用したように、「しかるに、前の夫、なかばは後悔、なかばは、いま最愛の夫に遺恨あるにより、離別せざるよし問答に及ぶ」というわけで、妻だった女が別の男と再婚してしまったことを知った前の夫が、「出て行けとはいったが、離婚とはいっていない」といいだしたときのことまで想定している。実際にそうした問答があったものと思われる。

では、伊達氏はこうした問題にどのような裁定を下していたのだろうか。

その続きには、先に引用したように「暇《いとま》を得たる支証紛れなくば、前の夫、罪科のがれがたし」といっている。伊達氏は、弱者である女性の権利を正当に守ろうとしていたことがうかがわれる。

4　戦国武士の生活実態

博奕を警戒した武将たち

このように、家法や家訓には実に様々な規定が盛りこまれているわけであるが、そうした規定から、当時の武士や庶民の生活実態もみえてくるのである。中でも特に目につくのが博奕《ばくち》禁止の項目で、それだけ博奕が盛んだったことを物語っている。

「結城氏新法度」では、何と、博奕禁止を第一条でうたっている。すなわち、

一、はくち（博奕）はやり候へは、けんくわ（喧嘩）ぬすミ（盗）、結句つまり候へは、はからぬたくミなし候間、第一かなふへからす。はくちしゆうろく（双六）かたくきんせい（禁制）申へく候（以下略）。

（第一条）

とみえる。現代語訳だと、

一、ばくちがはやると、けんかや盗み（が行われることになって）、結局（経済的に）行き詰ってしまい、思いもかけないような悪事をしてしまうことになるので、まずは許されぬことである。ばくち・双六《すごろく》は堅く禁制することにする。

となり、このあと続けて、禁制をおして博奕を行うようなことがあれば、聞きつけたら、それが浪人・親類・重臣の誰であろうと、軍勢を派遣し、罰を加えるとしている。

この第一条では、結城氏の家臣だけでなく、町場や村の者が博奕を打っていても同じように罰するとしているところをみると、武士だけでなく、庶民まで博奕がはやっていたことがうかがわれる。領主としては、博奕で身を崩していく者をみてみぬふりはできなかったのである。

この「結城氏新法度」では、違反して博奕を打った者の処罰について、「罰を加える」とあるだけで、どのような処罰がなされたのかわからないが、「六角氏式目《ろっかくしきもく》」では、死罪か流罪としている。その第四十四条のはじめの部分を読み下しにして引用しておく。

一、博奕堅く停止せられ畢《おわんぬ》。もし違犯の輩においては、死罪・流罪に処せらるべし。

跡職においては、犯過人注進致す訴人に御褒美として之を給うべし（以下略）。（第四十四条）

このあとのところで、博奕の宿、すなわち賭場《とば》を提供した者も同罪としているので、六角氏は博奕に対し、厳しい姿勢で臨んでいたことがわかる。

囲碁・将棋も取り締まり対象

「結城氏新法度」に「博奕双六」と出てきたので、双六が対象となっていたことがうかがわれるが、囲碁《いご》や将棋《しょうぎ》も場合によっては博奕の対象となったこともあったようで、「多胡《たこ》辰敬《ときたか》家訓」の第十五条には、

一、第十五ニ盤ノ上ノアソビ
碁・将棋ハヤガテセウブ《（勝負）》ノ有物ゾ、リコウ《（利巧）》ハシステ腹ヲ立ルナ。碁・将棋ノ側ニテ助言スルモノハ、貴人カチゴ《（稚児）》カサテハタクラダ。客人ノタメカ、ヒルネヲセンヨリカ用ヲカキツ、碁・将棋ナセソ。（第十五条）

とある。一部意味の通りにくい所もあるが、囲碁や将棋も場合によって賭事となることをいっている。

もっとも、戦国時代、囲碁・将棋が禁止されていたとみるのは早計で、むしろ、奨励されていたという側面もある。事実、城館跡や城下の発掘現場からは、囲碁の碁石や将棋の駒が多数出土しており、囲碁・将棋人口はかなり多かったものと思われる。

しかし、その反面、武将によっては禁止とまではいわないが、それにのめりこむことを警戒した者もいた。たとえば、薩摩の戦国大名島津義久《よしひさ》の重臣で、老中をつとめた上井《うわい》覚兼《かくけん》は『上井覚兼日記』のほかに「伊勢守心得書《いせのかみこころえしょ》」というものを残しており、その中で、囲碁・将棋に熱中しすぎることをいましめており、双六については、音がうるさいし、博奕の勝負になりやすいとして禁止している。

戦国武士の教養

ところで、この「伊勢守心得書」は、当時の上級武士の生活実態と教養をどのように高めていったかをうかがう上で貴重な史料である。これは、上井覚兼が家臣たちの質問に答える形で天正九年（一五八一）十月に著わしたもので、武士として、「一事も闕《かけ》候ハぬ様ニ、心懸肝要候」ものということで列挙したもので、自らが習得した教養が記されている。

そのまず第一は、和歌をたしなむことであった。和歌だけでなく連歌も含み、特に和歌では『古今集《こきんしゅう》』を聴聞するということが大きなウェートを占めていたことがうかがわれる。その他、いわゆる文学的分野としては、物語や双紙などもあり、読書を重視していたことがわかる。

また、有職《ゆうそく》と書札礼《しょさつれい》といった武士として当然身につけていなければならない礼儀作法、しきたりにも気をくばっていた。有職とは有職故実《こじつ》、つまり「先例に関する知識」のことで、書札礼は、書状を書くときのきまりである。

なお、教養というよりは、今日の感覚だとスポーツにあたるが、覚兼自身、馬術・弓術を学び、刀は塚原卜伝《つかはらぼくでん》流と新影《しんかげ》流を学んでいる。その他、鷹狩・蹴鞠《けまり》・鵜飼《うかい》・釣・狩などをあげている。狩には鹿狩・猪狩をはじめ、雉子《きじ》猟・雁《がん》猟・鶉《うずら》猟などがあり、その対象も豊富だった。これらの狩は、鎌倉武士が好んだ巻狩《まきがり》（狩場の四方を取り囲んで獲物を捕らえる狩り）・犬追物《いぬおうもの》などにも共通し、武士たちの実戦訓練としての意味もあり、鷹狩ととともに大いに奨励されていた。

「伊勢守心得書」で注目されるのは、「立花《りっか》」と「乱舞《らんぶ》」である。

「立花」というのはいうまでもなく現代の華道で、覚兼の場合、池坊《いけのぼう》流を習っていた。戦乱に明け暮れする日常の中で、花を生けることによって心のやすらぎを求めたものと思われる。

「乱舞」は、舞楽が専門ではない者が、舞の規則に拘束されない自由な形で舞うもので、すでに平安中期ごろからはやったものといわれており、覚兼はこの乱舞を好んだようである。

娯楽の禁止

ところが、武将によっては「乱舞」を禁止している。武田信玄の「甲州法度之次第」第二十条にはつぎのようにみえる（読み下しにして引用）。

一、乱舞・遊宴《ゆうえん》・野牧《のまき》・河狩《かわ》に耽《ふけ》り、武道を忘るべからず。天下戦国の上は、諸事を抛《なげう》ち、武具の用意肝要たるべし。（第二十条）

加藤清正《かとうきよまさ》も「乱舞」を禁止していた一人で、「清正家中へ被㆓申出㆒七ヶ条、大身小身によらず、侍共可㆓覚悟㆒条々」の第六条で、

一、乱舞方一円停止たり。太刀をとれば人を切らんと思ふ。然上は、万事一心の置所より生るものにて候間、武芸の外、乱舞稽古の輩は、切腹たるべき事。（第六条）

としている。「乱舞」と、「太刀をとれば人を切らんと思ふ」とのつながりがよくわからないが、「乱舞」は、一種の剣の舞だったのかもしれない。それにしても、乱舞稽古をしただけで切腹というのはきびしい。

「甲州法度之次第」に、「乱舞」とともに遊宴・野牧・河狩が禁止されていたが、こうした娯楽的要素の強いものを禁止した武将はほかにもいた。たとえば、藤堂高虎《とうどうたかとら》は、「藤堂高虎遺書」の第六条でつぎのようにいっている（読み下しにして引用）。

一、若者の遊山《ゆさん》好み、然《しか》るべからず候。奉公の道に油断なく候得ば、遊山がましき事も存ぜず、また、徒然《つれづれ》成る事も之なき事。（第六条）

「若者の」と限定つきなので、家臣全体を対象にしたわけではないが、遊山を禁止している。「若いうちは武芸に励め」ということであろうか。

泥酔しての暴力沙汰は斬首

なお、戦国時代は、毎日が緊張の連続という時代相を反映して、武将の中には酒に溺れる者もいた。毛利元就《もとなり》の父と兄は「酒害」によって早死したことが知られ、上杉謙信《けんしん》も酒の呑みすぎで命を縮めてしまったといわれており、酒はよく呑まれていた。

大名同士の贈答品のやりとりでも酒は多くみられ、また、大名が家臣を招いたときにも酒は出され、さらに、家臣同士、戦いのないときには招待しあい、そこでも酒盛りは行われていた。

そこで、武将の中には家法で大酒を禁止した者もいた。土佐の長宗我部元親はその一人で、「長宗我部氏掟書」の第三十二条にはつぎのようにみえる（読み下しにして引用）。

一、諸奉行の儀は言うに及ばず、上下共大酒禁制の事。付けたり、酔狂人の事、軽き

は科銭三貫、重きは成敗すべし。人を害し、打擲仕《ちょうちゃくつかまつ》る類は頸を斬るべき事。（第三十二条）

どの程度の量を「大酒」と規定していたのかはわからないが、酒がもとで暴力沙汰になった場合、切首というのだからきびしい。また、大酒禁止との項目はないが、「結城氏新法度」では、酒に酔って訴訟しても受けつけないとしている。第七十八条に、つぎのようにみえる。

一、酒によい（酔）候て、人ものたのミ候とて、目の前へ罷出《まかりで》、かりそめの義をも申すべからず。よくさけをさまし、本心の時罷出られ、何事をも披露すべし。心得らるべく候。（第七十八条）

「伊勢守心得書」を記した上井覚兼の『上井覚兼日記』を読むと、当時、戦いのないときには武将たちは、よく酒を呑んでいる。それも夜だけでなく、朝であろうが、昼であろうが、何か珍しい物が手に入ったといっては呑み、傍輩を招待しての酒盛りが多かったことがわかる。

酒に酔って仲間うちの連帯感を強めたり、上下の関係を円滑にしようとしていたものと思われる。それだけに、酒に関するトラブルも絶えなかったのだろう。

5　質素倹約のすすめ

贅沢してはならぬ

家法・家訓には、ちがう武将なのに、ほぼ同じような項目があることに気がつく。華美を戒め、質素倹約を勧めていることなどはそのいい例である。戦国大名ともなれば、贅沢をしようと思えばいくらでも贅沢ができたはずなのに、武将たちは質素倹約につとめていたことが家訓などから浮き彫りになってくる。

たとえば、北条早雲（伊勢宗瑞）は「早雲寺殿廿一箇条」の第六条でつぎのようにいっている。

一、刀・衣装は、人の如《ごと》く結構にあるべしとおもふべからず。見苦しくなくと心得て、無物《なき》を借求むる事、無用のかざりなり。却《かえっ》て他人のあざけりなるべし。（第六条）

早雲はここまでしかいっていない。その早雲の薫陶《くんとう》を受けて育った二代目氏綱《うじつな》は、さらに一歩進めて「北条氏綱公御書置」でつぎのように記している。

一、万事倹約を守るべし。華麗を好む時ハ、下民を貪《むさぼ》らされハ、出る所なし。倹約を守る時ハ、下民を痛めす、侍中より地下人・百姓迄も富貴也。国中富貴なる時ハ、大将の鉾先《ほこさき》つよくして、合戦の勝利疑ひなし。亡父入道殿（伊勢宗瑞）ハ、小身より天性の福人と世間に申候。さこそ天道の冥加《みょうが》にて可在之候得共、第一ハ倹約を守り、華麗を好ミ給ハさる故也。惣別《そうべつ》侍ハ古風なるをよしとす。当世風を好ハ、多分ハ是軽薄者也と常々申させ給ぬ。（第四条）

端的に「万事倹約を守るべし」といっているあたりも注目されるが、おもしろいのは、「亡父入道殿」、すなわち父の早雲の事例を引きあいに出している点である。「父早雲が倹約を守り、華麗を好まなかったから、あれだけになれたのだ」というわけで、その父の教えを氏綱も守り、さらにそれを三代目氏康《うじやす》に継承しようというのがこの条文の内容である。

なぜ倹約すべきなのか

ここに引用したのは「北条氏綱公御書置」の第四条であるが、第三条は、なぜ華麗を好んではいけないのか、氏綱なりの見解を示している。やや長文になるが、戦国武将の考え方がよくわかるので、つぎに引用しておきたい。

一、侍者驕らす諂らハす、其身の分招《限》を守をよしとす。たとへは五百貫の分招《限》にて千貫の真似をする者ハ、多分ハこれ手苦労者なり。其故は、人の分限ハ天よりふるにあらす、地より沸にあらす、知行損定《亡》の事あり。軍役おほき年あり、火事に逢者あり、親類眷属《けんぞく》多き者あり、此内一色にても、其身になり来りなは、千貫の分限者、九百貫にも八百貫にもならん。然るにケ様の者ハ、百姓に無理なる役儀を掛るか、商買之利潤か町人を迷惑さするか、博奕上手にて勝とるか、如何様にも出所あるへき也。此者出頭人に音物を遣し、能々手苦労を致すニ付、家老も目かくれ、是こそ忠節人よとほむれは、大将も五百貫の所領にて千貫の侍を召遣《めしつかい》候と目見せよく成申候。左候得ハ、家中加様の風儀を大将ハ御数寄候とて、華麗を好ミ、何とそ大身のまねをせむとする故、借銀かさなり、内語《証》次第につまり、町□《(人カ)》百姓をたおし、後者博奕を心によせ候。さもなき輩ハ、衣□《(裳カ)そ》麁《そう》相なれハ、此度の出仕ハ如何、人馬小勢にて見苦敷ければ、此度の御供ハ如何、大将の思召も、傍輩の見聞も、何とかと思へとも、町人百姓をたおし候事も、商買の利潤も、博奕の勝負も無調法なれハ是非なし。□《(虚カ)》病を講《構》へ不罷出候。左候得者、出仕の侍次第〱にすくなく、地下・百姓も相応に華麗を好ミ、其上侍中にたおされ、家を明、田畠を捨て、他国へにけ走り、残る百姓ハ、何事そあれかし、給人に思ひしらせんとたくむ故、国中委《(悉カ)》盆《貧》にして、大将の鉾先よハし。当時上杉殿の家中の風儀如此候、能々心得らるへし。或ハ他人の財を請取、或ハ親類縁者すくなく、又ハ天然の福人もありときく。加様之輩ハ、五百貫にても、六七百貫のまねハなるへき也。千貫の真似ハ、手苦労なくてハ覚束なし。乍去《しかしながら》これ等も分限を守りたるよりハおとり也と存せらるへし。盆《貧》なる者まねをせは、又々件の風義になるへけれは也。（第三条）

要するに、華麗を好めば借金が重なり、町人百姓にそれを転嫁することになるというわけである。早雲が「刀・衣装は、人の如結構にあるべしとおもふべからず」といっているように、華美になるのは、刀などと衣類であった。

この点は他の武将も同様の指摘をしている。たとえば、94ページでみた加藤清正の「清正家中へ被㆓申出㆒七ヶ条、大身小身によらず、侍共可㆓覚悟㆒条々」第三条は、

一、衣類の事木綿紬《つむぎ》の間たるべし。衣類に金銭をついやし、手前成らざる旨申す者、曲事《くせごと》たるべく候。不断の身を相応に武具を嗜《たしなみ》、人を扶持すべし。軍用の時は金銀遣わすべき事。（第三条）

となっている。ふだんの衣類は質素にしながら、軍用のときは金銀をつぎこむべきことをいっている。

一本の名刀より百本の安い槍

早雲も清正も衣類が華美になることを戒めていたことがわかるわけであるが、武将によっては屋敷が華美になることも戒めている。島津義久の「島津義久教訓」の第二条には、

一、屋作をけつこうする事、いにしへの賢王ふかく是をきんず。（第二条）

とある。どうしても、ある身分となれば、その身分にふさわしい屋敷を建てたくなるものである。島津義久が、なぜ、屋作を結構なものにするのを禁止したのかは、これだけの文章ではわからないが、「屋敷に金をかけるなら、その分、武具などを用意しろ」といったところなのかもしれない。

そして、その武具も、「高い一本の名刀を持つのではなく、百本の安い槍でいい」というのが当時の武将の考え方であった。早雲が衣装とともに刀を華美の対象にしていたのはそのためであった。

この点で注目されるのが、「朝倉孝景《たかかげ》条々」の第四条である。

一、名作之刀さのミ被レ好《このまれ》ましく候。其故ハ、万疋之太刀《まんびきのたち》を為レ持共《もたせるとも》、百疋之鑓《ひゃっぴきのやり》百《ひゃく》挺《ちょう》にハ勝るましく候。百疋之鑓百挺求、百人に為レ持候ハヽ、一方ハ可レ禦事《ふせぐべきこと》。（第四条）

いわんとしていることは明快で、「名刀は贅沢品だ」ということになる。もっとも、戦国の後半になると、名刀や名物茶道具などが大名間の贈答品として使われるようになり、朝倉孝景の時代とはちがってきていることも事実である。

6　きびしかった姦通罪

妻の不倫相手は殺してよし

似たような項目がみられるという点で、もう一つあげておきたいのが姦通《かんつう》に関するものである。家訓にはあらわれないが、家法にはいくつかの戦国大名家でほぼ共通する規定があり、「武家密懐法《びっかい》」などといわれている。密懐とは、夫のいる妻と別な男が性的関係をもつことで、当時は「妻敵《めがたき》」ともいっている。

たとえば、「六角氏式目」の第四十九条には、

一、妻敵之事、件女密夫一同仁可レ討事。（第四十九条）

とある。つまり、夫のある妻が「密夫《みっぷ》」と関係をもったことが明らかであれば、夫は、妻と「密夫」を討つべきだという条文である。これを妻敵討ちといっており、妻と相手の「密夫」すなわち間男とを一緒に討つべしというのである。「討ち果たしてもいい」ではなく「一同に討つべし」というところが注目される。

そして、これは何も六角氏だけの特例というわけではなかった。周防の戦国武将吉川家《きっかわいえ》広《ひろ》が定めた「吉川氏法度」の第五十九条を読み下しにして引用する。

一、人の女密懐の儀、何方にても寝所を去らず之を討ち果たすべし。大形浮世の取沙汰ばかりにて、証拠無き儀は、法度も如何、是又男の分別肝要。且はその時の沙汰

に依るべき事。（第五十九条）

これでみると、密懐の現場で討ち果たすことが認められていたことになる。ふつう、何か罪を犯しても、捕らえて裁判を経て処罰がいい渡されるところであるが、姦通罪に関しては、そうした手続きをとらなくてもよかったことがうかがわれる。いかにも中世的な自力救済の論理といえる。

なぜ武将は密懐にきびしいのか

密懐に関して、戦国家法の中に三項目も書きこんでいるのが伊達稙宗が制定した「塵芥集」である。その第百六十二条、百六十三条、百六十四条にはつぎのようにみえる。

一、人のめをひそかにとつく事、おとこ、をんな、共にもつていましめころすへきなり。（第百六十二条）

一、ひつくわひ（密懐）の事、をしてとつくも、たかいにやハらくも、なかたちやとなくしてこれあるへからす。かくのことくのともから、とうさい（同罪）たるへきなり。（第百六十三

条）

一、ひつくわいのやから、ほん《（本）》のをつと《（夫）》のかたより、しやうかい《（生害）》さするのとき、をんなをたすくる事、はうにあらす、たゝしねやにおゐてうつのとき、女はう《（房）》ちはつし候ハ、、、うちてをつと《（越度）》有へからさるなり。（第百六十四条）

この第百六十二条からも、密懐した男女は死罪だったことがわかり、第百六十三条では、その仲介をした者も同罪としている。「なかたちやと」は仲媒宿《なかだちやど》のことで、密懐の場所を提供した者も同罪だったというのだからきびしい。

なお、「長宗我部氏掟書」の第三十三条はつぎのようになっている。これも読み下しにして引用する。

一、他人の女をおかす事、縦《たと》い歴然たりといえども、男女共同前相果さざれば、死罪に行うべし。付けたり、親類同心せしめ討つ事、非道の上、曲事《くせごと》たるべし。若《も》しその男ふかいなく、又は留守の時、外聞相洩れ猥《みだ》りの族においては、在所中として相果すべき事。付けたり、虚名の女契約停止の事。（第三十三条）

ここでも、密懐の男女は死罪の規定となっていたことがわかる。

戦国大名は、家臣たちの家庭問題に口をはさむといったレベルではなく、性的秩序を守らせることが家臣団の統率に密接につながっていると考えていたものと思われる。

あとがき

本書のタイトルは『家訓で読む戦国』であるが、お読みいただいたように、家訓だけではなく、戦国家法、すなわち分国法のほか、遺言状や「武辺咄」も取りあげている。これら戦国史料から、戦国時代を生きた人びとが、日常、何を考え、どのような行動規範をもっていたかを考察した。

中には、北条早雲（伊勢宗瑞）や毛利元就、武田信玄といった誰もが知っているような武将もいれば、越前の戦国大名朝倉氏の一族部将朝倉宗滴の「武辺咄」や、出雲の戦国大名尼子氏の一家臣にすぎない多胡辰敬といったあまり有名ではない者の家訓も取りあげた。それは、ただ、戦国大名という形でのトップだけではなく、家臣たちの言行にも目配りをしたかったからである。

本文の中でもふれたが、戦国時代のおよそ百年間はある意味で異常な時代だったといえる。それこそ、一回の戦いで何千人もの戦死者が出たり、もちろん、家は焼かれ、田畠は荒らされ、人びとは生きていくのが大変な時代だった。

しかし、その大変な時代だったからこそ、人びとは生きぬくための工夫、勝ちぬくための努力を重ねてきたのである。そうした工夫・努力のあとを、家訓などから読み取ろうとしたわけである。

これまであまり注目されてこなかった武将たちの名言もいくつか紹介した。概説的な戦国時代の本はすでに何冊もあるが、本書は、武将たちの生の声を通して戦国時代を通観しようとしたものである。

二〇一七年三月

小和田哲男

※カッコ内の史料名は原則として、その武将が制定した家訓（分国法・武辺咄・遺言状を含む）を表す。後世に編纂された史料で、その武将の逸話を伝えるものについては、史料名を斜体で示した。

武将別家訓索引

校閲　猪熊良子
ＤＴＰ　㈱ノムラ
地図作成　原　清人

小和田哲男 おわだ・てつお
1944年、静岡県生まれ。静岡大学名誉教授。
文学博士。専門は日本中世史、特に戦国史。
公益財団法人日本城郭協会理事長。
早稲田大学大学院文学研究科博士課程修了。
執筆・講演活動の傍ら、NHK大河ドラマの時代考証を複数回つとめる。
著書に『戦国武将の手紙を読む』(中公新書)、
『井伊直虎』(洋泉社歴史新書y)、
『東海の戦国史』(ミネルヴァ書房)など。

NHK出版新書 515

家訓で読む戦国
組織論から人生哲学まで

2017(平成29)年4月10日　第1刷発行

著者　小和田哲男 ©2017 Owada Tetsuo
発行者　小泉公二
発行所　NHK出版
〒150-8081東京都渋谷区宇田川町41-1
電話 (0570) 002-247 (編集) (0570) 000-321(注文)
http://www.nhk-book.co.jp (ホームページ)
振替 00110-1-49701

ブックデザイン　albireo
印刷　壮光舎印刷・近代美術
製本　ブックアート

Printed in Japan ISBN978-4-14-088515-4 C0221

NHK出版新書好評既刊